あなたの予想と馬券を変える

革命競馬

騎手だけで
100万馬券
を当てる

馬券術
勝負ジョッキー

御池 善太郎

はじめに～10万馬券は当たり前！ １００万馬券も狙える馬券術!!

「１００万馬券なんて自分には一生縁がない。10万馬券だって、マグレで当たるかどうか……」

そう思っている方に、ぜひとも本書を最後まで読んでいただきたい。

なぜなら、馬券術【勝負ジョッキー】を駆使すれば、１００万馬券を他人事ではなく〝自分事〟にできるからだ。

私が思うに、ほとんどの競馬ファンは大きな勘違いをしている。

圧倒的な資金力。

類まれな博才。

ひとつのレースに大金を張れる勝負度胸。

ギャンブルの神に与えられた強運。

――これらをもれなく持ち合わせていないと、超大穴馬券には手が届かないと考えている方があまりに多い。

もちろん、どれもあるに越したことはないし、あれば勝ち組に加わりやすくなる。でも、断じて必要不可欠ではない。資金力がなくても、博才がなくても、勝負度胸がなくても、強運がなくても、１００万馬券を手にすることはできるし、トータルでプラス収支を築き上げることも可能だ。

「自分はそちら側の人間ではない」と、最初から決めつけてはいけない。

では、なにが必要なのか？

とどのつまり、私はふたつの要素がカギを握ると考えている。

ひとつは、「いつかは超大穴を獲れる。勝てる」と信じること。

もうひとつは、同じ予想法、同じスタンスで馬券を買い続けることだ。弱気になったり諦めたりせず、信念を持って勝負を重ねていけば、俗にいう凡人でも勝つことができる。

事実、資金力も博才も勝負度胸も強運もない普通の競馬ファンだった私が、それを実現している。【勝負ジョッキー】を開発してから、負けを意識することはまったくなくなった。

【勝負ジョッキー】の最大のセールスポイントは、競走馬の過去実績を見ないことにある。持ちタイムも、距離実績も、コース実績も、前走人気も、前走着順も基本的に無視。チェックするのは騎手だけで、コースと人気を絡めて「買い」か「消し」かを判断する。それ以外のファクターは加味しない。

予想手順の詳細は第1章に記しているが、簡単に概要を説明すると次のようになる。

①これから予想するレースのコースを確認
②当該コース（例えば東京芝１６００ｍ）の最新年度版の騎手ランク表と人気を見て騎手を評価
③ルールに沿ってシルシを打つ
④ルールに沿って馬券を買う

たったのこれだけだ。狙いはあくまで高配当で、このシンプルな手順を踏むだけで穴馬券がコンスタ

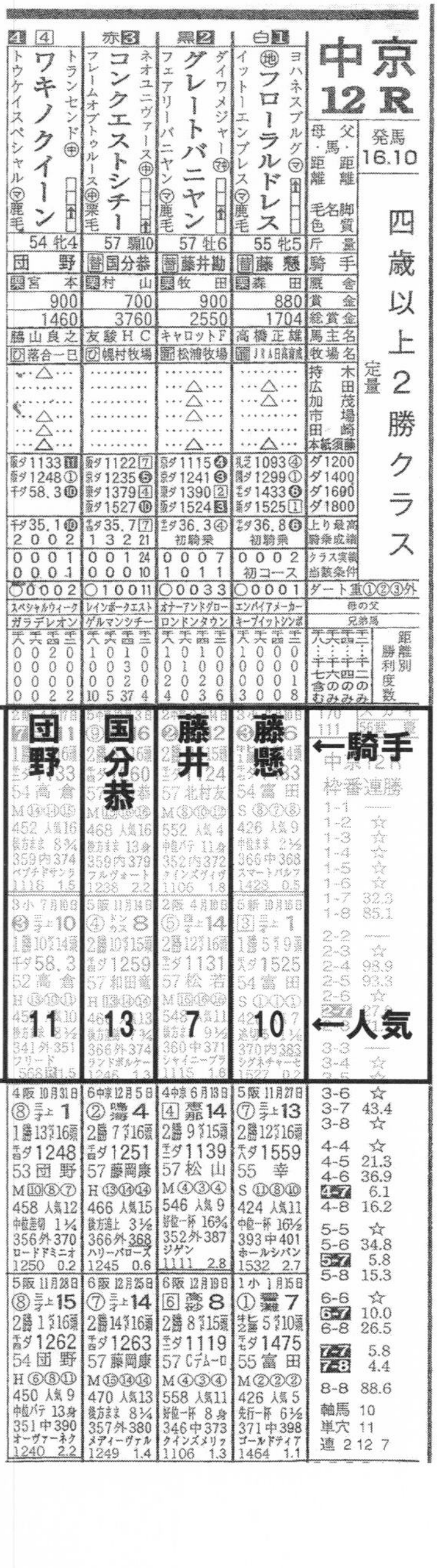

4 4	赤3	黒2	白1	中京 12R
ワキノクイーン	コンクエストシチー	グレートバニヤン	フローラルドレス	発馬 16.10
トランセンド	ネオユニヴァース	ダイワメジャー	ヨハネスブルグ	父
トウケイスペシャル	フレームオブトゥルース	フェアリーバニヤン	イットーエンプレス	母
鹿毛	栗毛	鹿毛	鹿毛	毛色
54 牝4	57 騸10	57 牡6	55 牝5	斤量
団野	国分恭	藤井勘	藤懸	騎手
宮本	村山	牧田	森田	厩舎
900	700	900	880	賞金
1460	3760	2550	1704	総賞金
嶋山良之	友駿HC	キャロットF	高橋正雄	馬主名
落合一巳	幌村牧場	松浦牧場	JRA日高育成	牧場名
スペシャルウィーク	レインボークエスト	オナーアンドグロー	エンパイアメーカー	母の父
ガラデレオン	ゲルマンシチー	ロンドンタウン	キーブイットシンボ	兄弟馬
11	13	7	10	人気

四歳以上2勝クラス 定量

ントに獲れる。「的中はするも、結果的に配当金がハネなかった」というケースはあるものの、最初から本命サイドの馬券をターゲットにすることはない。その点は徹底している。

私が騎手しか見ない理由、高配当にこだわる理由、騎手ランク表の作成方法をはじめとする馬券術のロジックについては第2章で詳述しているので、後ほどじっくりご覧いただきたい。

2022年1月29日、私は中京12Rでこちらの馬券を的中させた（馬柱の左下）。【勝負ジョッキー】が高い評価を与えた和田竜二騎手（2番人気）が1着、小崎綾也騎手（8番人気）が2着、高倉稜騎手（9番人気）が3着という決着で、3連単の配当は61万4400円。この高額配当をあっさりゲットすることに成功したのである。

注目していただきたいのは、高評価されて上位を占めた騎手のラインナップ。そこにリーディング上

●2022年1月29日・中京12R（４歳上２勝クラス、ダ1400m）

1着⑫ルチェカリーナ
（２番人気）
和田竜二
2着⑬ラキ
（８番人気）
小崎綾也
3着⑥ジョウショーリード
（９番人気）
高倉稜

単⑫ 370 円
複⑫ 210 円
⑬ 930 円
⑥ 1030 円
馬連⑫ー⑬ 14720 円
馬単⑫→⑬ 21980 円
3連複⑥⑫⑬ 148330 円
3連単⑫→⑬→⑥ 614400 円

馬番	馬名	父	母	毛色	斤量・性齢	騎手	厩舎	賞金	総賞金	馬主	生産者
5	ロゼキルシュ	ヘニーヒューズ	ブロンコーネ	栗毛	55 牝5	松山	杉山晴	900	2151	トップフェロウ	千代田牧場
6	ジョウショーリード	カネヒキリ	バシティア	黒鹿	55 牝5	高倉	服部	900	2550	熊田義孝	柏木一則
7	プレジールミノル	ケープブランコ	セブンシークィーン	栗毛	56 牡4	幸	北出	900	2386	吉岡實	フジワラF
8	ダノンシュネラ	ドゥラメンテ	ラッドルチェンド	鹿毛	54 牝4	岩田望	池江寿	900	1797	ダノックス	ノーザンF
9	ジョイウイン	サウスヴィグラス	エスコルピオン	栗毛	57 牡5	松田	牧	900	1971	石瀬浩三	いとう牧場
10	エイシンギアアップ	エイシンフラッシュ	エーシンバナギア	黒鹿	56 牡4	川田	中尾秀	900	2152	栄進堂	栄進牧場
11	モズピンポン	グランプリボス	グランプリエンゼル	栗毛	53 牡5	★古川奈	矢作	900	3180	キャピタルS	上村清志
12	ルチェカリーナ	ディスクリートキャット	アンリミテッドピサ	栗毛	54 牝4	和田竜	高橋忠	900	3757	加藤徹	大狩部牧場
13	ラキ	ジャスタウェイ	キスショット	鹿毛	55 牝5	小崎	小崎	900	2828	ニッシンHD	友田牧場

３連単
61万4400円！

1着⑫和田竜（２番人気）→2着⑬小崎（８番人気）→3着⑥高倉（９番人気）の買い目で、３連単61万4400円を的中！【勝負ジョッキー】は、小崎騎手、高倉騎手などのマイナーな騎手でも積極的に狙うため、高配当の的中が可能になるのだ。

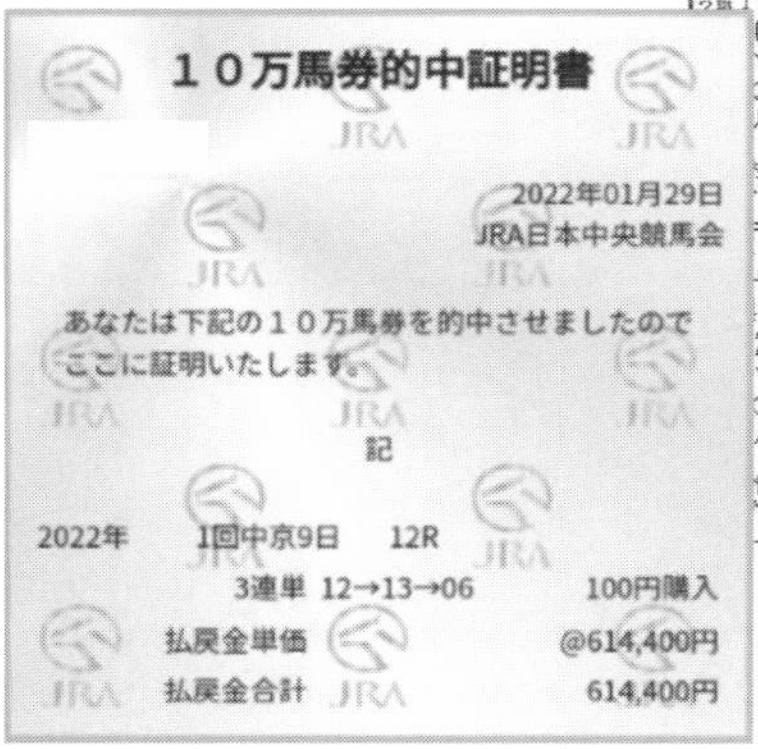

１０万馬券的中証明書

2022年01月29日
JRA日本中央競馬会

あなたは下記の１０万馬券を的中させましたので
ここに証明いたします。

記

2022年　1回中京9日　12R
3連単　12→13→06　100円購入
払戻金単価　@614,400円
払戻金合計　614,400円

位のトップジョッキーの名前はない。地味なベテラン騎手とマイナーな若手騎手というイメージが強いだろう。

一般的な騎手馬券術は、たいてい「上手い」とされる騎手に注目する。ルメール騎手しかり、川田将雅騎手しかり。的中レースには、彼らの名前が含まれるケースがほとんどだ。

しかし、【勝負ジョッキー】は違う。名の通った一流騎手を買うケースがある一方で、このレースのように「積極的に買いづらい」という印象を抱かれがちな騎手を狙い撃ちすることもある。

だから、大きな馬券をしとめることができるのだ。

その点において、**既存の多くの騎手馬券術とは一線を画したものである**と自負している。

なお、馬券術【勝負ジョッキー】の中核をなす騎手ランク表は、騎手の旬の実力や適性を考慮し、毎年更新される。先の61万馬券的中はレースが行なわれた当時の騎手ランク表を使用しているので、その点はあらかじめご承知おきいただきたい。

ＪＲＡの騎手は、２月に引退し、３月にデビューするケースが最も多い。よって、３月から翌年２月をひとつの年度として扱い、本書では２０２３年版（３月～２０２４年２月が対象）の騎手ランク表を掲載している。もちろん、ＪＲＡ主要全コースの最新版の騎手ランク表を見られるのは、この一冊だけである。

ちなみに、２０２３年度版の本格運用前に検証をかねて２月18日の重賞ダイヤモンドSを予想したところ、本命◎に推奨した大穴の田辺裕信騎手が13番人気２着となり、３連単12万馬券をしっかり獲るこ

とができた（詳細は第1章で解説）。

御池善太郎の公開予想でも的中させ、利用者の方から多くの的中報告やお礼のメッセージを頂戴した。最新版の騎手ランクの威力を実感する結果となり、自信をもってオススメできる完成度に到達したことが証明されたといえよう。

さあ、次はあなたの番である。【勝負ジョッキー】をフル活用して、これまで縁のなかった超大穴馬券を、当たり前のように、コンスタントに手中に収め、極上の競馬ライフを送っていただきたい。

2023年3月　御池善太郎

騎手だけで100万馬券を当てる馬券術勝負ジョッキー　目次

装丁●橋元浩明（sowhat.Inc.）　本文DTP●オフィスモコナ

写真●武田明彦　馬柱●優馬

※名称、所属は一部を除いて2023年３月20日時点のものです。

※成績、配当、日程は必ず主催者発行のものと照合してください。

馬券は必ず自己責任において購入お願いいたします。

第1章

シンプルな手順で高配当ゲット！
これさえわかればスグ使える！

馬券術【勝負ジョッキー】のトリセツ

「騎手名・騎手ランク表・人気順・コース」だけで予想可能

本書の最大の目的――それは「馬券術【勝負ジョッキー】を活用して、読者のみなさんにより多くの馬券を当てていただくこと」にある。「小難しい理屈は要らない。結論だけが欲しい」という向きも一定数いらっしゃるだろう。よって、まずは馬券術の使い方（予想手順と馬券購入方法）を紹介していくことにした。

もちろん、馬券術のロジックを深く理解していただくことが望ましいが、それは後回しにしても構わない。なにより「馬券を獲ること」が重要なので、私が騎手に注目した理由、騎手ランク表の作成基準など、馬券術開発に関する詳細な解説は続く第2章で扱っている。

馬券術【勝負ジョッキー】は、とにかくシンプルさが売り。このあと紹介する予想手順は、「わかりやすさ」と「覚えやすさ」を重視して6項目に細分化しているが、面倒な作業はなにひとつないのでご安心いただきたい。ひとたびマスターすれば、これらの手順は一連の流れとしてスムーズにこなせるようになるだろう。

では、さっそく本題に移っていく。

〈必要なもの〉

①出走表……競馬専門紙、スポーツ紙、ＪＲＡ公式サイトをはじめとするＷＥＢ上の出走表など、レース条件（コース）と騎手名が記載されたものならなんでも構わないが、新聞にペンで文字を書き込める

状態、あるいはスマートフォンやパソコンに表示される出走表画面に文字を打ち込める状態であるのがベスト。

②最新年度版の騎手ランク表……主要全コースの騎手ランク表２０２３年度版を本書に掲載。この表は、２０２３年３月から２０２４年２月末までの使用を推奨している。（２０２４年３月以降に本書の騎手ランク表を代用することも可能だが、２０２４年度版の入手方法は御池善太郎公式サイトにて案内予定）

③出走馬（騎手）の人気順……締め切り直前の単勝オッズを使用するのがベターだが、時間に余裕がない場合は確認時のオッズでＯＫ。レース前日の夜や当日の朝に馬券を買いたい方は、人気順さえわかればいいので、各新聞に掲載された予想オッズから人気順を推測する方法も可。

〈予想手順〉

■手順①　予想するレースのコース（例えば東京芝１６００ｍ）の騎手ランク表を手元に用意

■手順②　そのレースに出走する騎手が騎乗する馬の単勝人気順位をチェック→数字を新聞に書き込む
（画面上に打ち込む）

※単勝オッズがまったく同じ場合は、複勝オッズの数値が低いほうを上位評価

■手順③　騎手ランク表と照合し、騎手をS、A、B、Xのいずれかのランクに評価➡アルファベットを新聞に書き込む（画面上に打ち込む）。騎手ランクは、最も高く評価する騎手がSランク、次に評価する騎手がAランク、押さえ評価がBランク、ランク外がXランク

■手順④　1～2番人気を「人気グループ」、3～18番人気を「穴グループ」に分類

■手順⑤　次のルールに則りシルシを打つ

【1】穴グループの騎手から4人選出

・3番人気以下の出走馬に騎乗する騎手のなかで、最も評価（ランク）の高い騎手に【◎】を打つ
・Sランクから選ぶのが原則で、Sが複数いる場合は、そのなかから人気上位を選ぶ
・Sがいない場合はAから人気上位を選び、SとAがいなければBから人気上位を選ぶ（以下、同様）
・3番人気以下で次に評価の高い騎手に【△】を打つ
・3番人気以下で3番目に評価の高い騎手に【△】を打つ
・3番人気以下で4番目に評価の高い騎手に【△】を打つ
・S、A、Bまでをチェックして△が3人に満たなかった場合は、3人になるようにランク外（X）のなかから人気上位順に【△】を打つ

【2】人気グループの騎手2人の優劣を評価

・1~2番人気のなかで評価（ランク）の高い騎手に【◯】を打つ
・1~2番人気のなかで残った騎手に【△】を打つ
・2騎手が同じ評価の場合は1番人気が【◯】、2番人気が【△】

■手順⑥　次のルールに則り馬券を買う

★3連複フォーメーション（的中重視）

1頭目：◎◯
2頭目：◎◯△△△△
3頭目：◎◯△△△△
（計16点）

★3連単フォーメーション（高配当重視）

パターン1

1頭目：◎◯
2頭目：◎◯△△△△
3頭目：◎◯△△△△

パターン2

1頭目：◎○△△△

2頭目：◎○

3頭目：◎○△△△

（40点＋40点＝合計80点）

以上である。

手順通りに馬券を買うだけで11万馬券が的中！

具体例があると実際の手順をイメージしやすくなると思うので、私が【勝負ジョッキー】を用いて3連単11万馬券を的中させた2022年のオークス（P16～17）を取り上げ、ひと工程ずつきわめて丁寧に確認していきたい。

■手順① 予想するレースのコースの騎手ランク表を手元に用意

オークスが行なわれるのは東京芝2400m。よって、東京芝2400mの騎手ランク表が必要になるわけだが、東京芝に関しては2300m以上を長距離コースとしてひと括りに扱い、共通の騎手ランク表を使用することになっている。

東京芝２３００ｍ以上の騎手ランク表はＰ18に掲載した通りだ。

なお、この騎手ランク表はレース施行時の２０２２年度版となる。当時はこれを使って的中させたが、今はもう使用できないのでご注意いただきたい。

■手順② そのレースに出走する騎手が騎乗する馬の単勝人気順位をチェック→数字を新聞に書き込む（画面上に打ち込む）

1枠①番から順に単勝人気順位をチェックしていく。競馬場やウインズのモニターに映し出されているオッズ画面に人気順位の表示はなく、自分で順番をカウントしていく必要があるが、リアルタイムオッズを提供している競馬情報サイトではオッズと併せてたいてい人気順位も表示されているので、インターネットを利用すると便利だ。

レース前日の夜や当日の朝に馬券を買いたい方は、人気順さえわかればいいので、各新聞に掲載された予想オッズから人気順を推測する方法もある。重賞は前日の夜の単勝人気と最終的な人気で大きな差はないが、平場のレースは前日の夜と直前で単勝オッズが大きく変わる場合があるため、新聞に記載された予想オッズのほうが人気順を推測するのに役立つ場合もある。

①武豊（ウォーターナビレラ）　13・３倍　→7番人気

東京 11R

WIN5⑤

発馬 15.40

第83回 オークス（優駿牝馬）GI

牝馬 (指) 三才オープン・55キロ

	1	2	3	4	5	6	7	8	9	10
枠	白1	白1	黒2	黒2	赤3	赤3	青4	青4	黄5	黄5
父	シルバーステート	キングカメハメハ	スクリーンヒーロー	ジャスタウェイ	ドゥラメンテ	エピファネイア	ドゥラメンテ	ハービンジャー	キングカメハメハ	パイロ
馬名	ウォーターナビレラ	スタニングローズ	アートハウス	ルージュエヴァイユ	サウンドビバーチェ	サークルオブライフ	ホウオウバニラ	ナミュール	エリカヴィータ	ラブパイロー
母	シャイニングサヤカ	ローザブランカ	パールコード	ナッシングバットドリームズ	スクービドゥー	シーブリーズライフ	バランセラ	サンブルエミューズ	マルシアーノ	グッドファッション
毛色	青鹿	鹿毛	栗毛	鹿毛	黒鹿	鹿毛	栗毛	鹿毛	青毛	青鹿
斤量	55 牝3	55 牝3	55 牝3	55 牝3	55 牝3	55 牝3	55 牝3	55 牝3	55 牝3	55 牝3
騎手	武豊	替 レーン	川田	替 池添	石橋脩	Mデムーロ	替 横山典	横山武	替 福永	野中
厩舎	栗 武幸	栗 高野	栗 中内田	美 黒岩	栗 高柳大	美 国枝	栗 安田翔	栗 高野	美 国枝	美 大和田
賞金	5100	2750	1600	900	900	5250	400	3500	3000	900
総賞金	11,930	7040	2700	2250	2720	13,390	960	7890	5900	1797
馬主名	山岡正人	サンデーR	シェイク・ファハド	東京HR	増田雄一	飯田正剛	小笹芳央	キャロットF	三木正浩	増田陽一
牧場名	伏木田牧場	ノーザンF	三嶋牧場	社台F	三嶋牧場	千代田牧場	ノーザンF	ノーザンF	ノーザンF	トラストスリーF
佐藤直	…	…	注	◎	…	▲	…	△	△	…
小野智	△	…	△	注	…	◎	…	△	△	…
久光	注	▲	…	…	…	○	…	…	△	…
西田	…	△	△	△	…	○	…	…	▲	…
中田	△	▲	△	…	△	◎	…	注	…	…
本紙武井	△ 西	△ 西	○ 西	△	… 西	◎	… 西	▲ 西	…	…
芝 1600／1800／2000／2400	阪1329② 千四1211① 千五1314①	新1343⑤ 中1485① 千四1233②	阪2003①	中1484① 東2008⑤	阪1335④ 千四1211⑥	阪1330④ 新1486③	阪1468③ 東2012⑦	阪1332①	中1360⑩ 東2004①	中1356⑥ 中1492⑥ 中2026❶ ダ1549④
上り最高	千六33.6①	千六32.9⑤	二千33.9①	二千33.6⑤	千六33.9②	千六33.3④	二千34.0⑦	千六33.0①	千六34.0①	千八35.7⑥
騎乗成績	1 1 1 1	初騎乗	2 0 0 0	初騎乗	1 0 0 1	3 0 2 1	初騎乗	1 0 0 1	初騎乗	1 0 0 2
クラス実績	1 1 1 1	1 0 1 2	1 0 0 0	0 0 0 1	0 0 0 1	2 0 1 1	0 0 0 1	1 0 0 2	1 0 0 1	0 0 0 1
当該条件	初コース	初コース	初コース	初コース	初コース	初コース	初コース	初コース	初コース	初コース
芝コース重の実績	○0000	○0000	○0000	○0000	○1000	○0000	○0000	○0000	○0000	◎1000
母の父	キングヘイロー	クロフネ	ヴィクトワールピサ	フランケル	ヨハンクライフ	アドマイヤジャパン	アカテナンゴ	ダイワメジャー	フジキセキ	アドマイヤマックス
兄弟馬	ソイカウボーイ	バンゴール	初仔	初仔	プリンセスムーン	イッツザファースト	ビッシュ	ヴェスターヴァルト	フラワリングナイト	ラザンツ
距離別勝利度数（二千二以上・二千のみ・千七〜千八含む・千六のみ）	0 0 0 1 0 0 0 1 0 0 0 1 0 0 0 1	0 0 1 2 0 0 0 0 0 0 0 1 0 0 0 2	0 2 0 0 0 0 0 0 0 0 0 0 0 1 0 0	0 0 2 0 0 0 0 0 0 0 0 0 0 1 0 0	0 0 0 2 0 0 0 1 0 0 0 0 0 0 0 2	0 0 0 3 0 0 0 0 0 0 1 1 0 0 0 1	0 0 1 0 0 0 0 0 0 0 1 0 0 1 0 0	0 0 0 3 0 0 0 0 0 0 0 0 0 0 0 2	0 1 0 1 0 0 0 0 0 0 0 0 0 0 0 1	0 1 1 0 0 0 0 0 0 0 1 0 0 0 3 2
成績1	5阪 11月6日 ① ファンタ 1 牝GIII 5ﾄ10頭 千四内 1211 54 武豊 S ②②② 472 人気2 先行抜出 3/4身 348中347 ナムラクレア 1212 0.1	4東 10月9日 ① サウジア 3 GIII 1ﾄ7頭 千六 1365 54 戸崎圭 S ④⑤⑤ 480 人気3 中位伸 3/4身 387中332 コマンドライン 1364 0.1	初仔 近親 シークレットコード	初仔 近親 ヴェニスビーチ	5中京 9月26日 ❼ 1 牝未勝 11ﾄ12頭 千六 1365 54 松山 M ③③② 462 人気6 G前競勝 ハナ 362外363 ルミネイト 1365 0.0	4東 10月30日 ⑦ アルテミ 1 牝GIII 7ﾄ11頭 千六 1340 54 Mデムーロ S ⑥⑦⑧ 478 人気7 後方追込 クビ 367外335 ベルクレスタ 1340 0.0	兄弟 ビッシュ（3勝） ホウオウサーベル（3勝）	5東 11月21日 ⑥ 赤松 1 牝1勝 7ﾄ9頭 千六 1338 54 三浦 S ⑥⑤⑤ 440 人気4 直線一気 1 3/4 367外330 パーソナルハイ 1341 0.3	兄弟 フラワリングナイト（現）	5東 11月27日 ⑦ カトレア 15 オープン 4ﾄ15頭 千六ダ 1412 54 秋山稔 M ③②② 476 人気15 先行一杯 大差 351中404 コンシリエーレ 1380 3.2
成績2	6阪 12月12日 ④ 阪神JF 3 牝GI 13ﾄ18頭 千六外 1340 54 武豊 M ①③③ 470 人気4 好位粘る 1身 349中345 サークルオブラ 1338 0.2	5阪 11月13日 ③ デイリー2才 5 GII 2ﾄ7頭 千六外 1356 54 吉田隼 S ①②② 474 人気4 逃一息 3身 361中342 セリフォス 1351 0.5	4阪 10月9日 ① 1 新馬 5ﾄ12頭 二千内 2028 54 川田 S ②②② 470 人気3 先行楽勝 3身 386中339 ショウナンアデ 2033 0.5	5中 12月25日 ⑦ 1 新馬 13ﾄ16頭 千八内 1506 54 戸崎圭 S ⑩⑫⑧ 452 人気3 直線一気 ハナ 387中347 ヴァンガーズハ 1506 0.0	5阪 11月28日 ⑧ 2 牝1勝 4ﾄ8頭 千六外 1348 54 岩田望 S ⑤⑤⑤ 472 人気5 後方伸 ハナ 371中339 ルージュラテー 1348 0.0	6阪 12月12日 ④ 阪神JF 1 牝GI 10ﾄ18頭 千六外 1338 54 Mデムーロ M ⑭⑪⑩ 478 人気3 中位差切 1/2身 356外339 ラブリイユアア 1339 0.1	5阪 11月13日 ③ 1 新馬 10ﾄ11頭 千八外 1494 54 Mデムーロ S ④③③ 428 人気3 先行抜出 1身 372中348 クレエンシア 1496 0.2	6阪 12月12日 ④ 阪神JF 4 牝GI 17ﾄ18頭 千六外 1340 54 Cデムーロ M ⑱⑬⑰ 430 人気1 出遅る 1 1/4 358内336 サークルオブラ 1338 0.2	4東 10月16日 ③ 1 牝新馬 12ﾄ18頭 千六 1364 54 ルメール S ⑥⑧⑧ 444 人気1 中位差切 1 1/2 371外340 ケデシュ 1366 0.2	1中 1月15日 ⑤ 菜の花賞 6 牝1勝 6ﾄ11頭 千六外 1356 54 野中 M ⑤④⑥ 478 人気8 中位まま 2 3/4 359中362 サウンドビバー 1351 0.5
成績3	1阪 3月5日 ⑦ チューリ 5 牝GII 9ﾄ15頭 千六外 1336 54 武豊 S ④④⑤ 478 人気3 好位一息 2 3/4 352中345 ナミュール 1332 0.4	1阪 2月13日 ② こぶし賞 1 1勝 5ﾄ6頭 千六外 1369 54 坂井 S ④③③ 476 人気1 G前差す アタマ 383中334 セイウンハーデ 1369 0.0	6阪 12月11日 ③ エリカ賞 6 1勝 2ﾄ11頭 二千内 2006 54 Cデムーロ M ②②② 464 人気1 先行一杯 5 1/2 360中366 サトノヘリオス 1597R0.9	2中 2月27日 ② デイジー 1 牝1勝 1ﾄ9頭 千八内 1484 54 戸崎圭 S ⑦⑥⑥ 450 人気1 中位一気 クビ 385外350 サンカルパ 1484 0.0	1中 1月15日 ⑤ 菜の花賞 1 牝1勝 1ﾄ11頭 千六外 1351 54 石橋脩 M ③④④ 474 人気1 好位抜出 1 1/2 358内357 フミバレンタイ 1354 0.3	1阪 3月5日 ⑦ チューリ 3 牝GII 3ﾄ15頭 千六外 1334 54 Mデムーロ S ④④④ 476 人気2 好位粘る 1 3/4 352内345 ナミュール 1332 0.2	1阪 3月6日 ⑧ アルメリ 3 1勝 7ﾄ7頭 千八外 1468 54 横山和 M ②②② 426 人気3 先行伸 3 1/4 353外353 ピースオブエイ 1463 0.5	1阪 3月5日 ⑦ チューリ 1 牝GII 6ﾄ15頭 千六外 1332 54 横山武 S ⑦⑦⑧ 430 人気1 中位一気 1 1/2 354中339 ピンハイ 1334 0.2	1中 1月10日 ④ フェアリ 10 牝GIII 9ﾄ16頭 千六外 1360 54 ルメール S ⑭⑬⑬ 438 人気2 4角不利 4 3/4 369外353 ライラック 1352 0.8	2中 2月27日 ② デイジー 6 牝1勝 5ﾄ9頭 千八内 1492 54 野中 S ⑥⑥⑦ 472 人気8 中位一杯 4 1/2 381内357 ルージュエヴァ 1484 0.8
成績4	2阪 4月10日 ⑥ 桜花賞 2 牝GI 6ﾄ18頭 千六外 1329 55 武豊 S ②②② 464 人気3 先行伸 ハナ 348中340 スターズオンア 1329 0.0	2中 3月21日 ⑧ フラワー 1 牝GIII 1ﾄ12頭 千八内 1485 54 川田 S ③③③ 474 人気2 好位抜出 1/2身 374中350 ニシノラブウイ 1486 0.1	2阪 4月10日 ⑥ 忘れな草 1 牝L 7ﾄ8頭 二千内 2003 54 川田 S ④⑤④ 474 人気1 中位抜出 3身 379中340 セルケト 2008 0.5	2東 4月24日 ② フローラ 5 牝GII 1ﾄ15頭 二千 2008 54 戸崎圭 M ⑫⑪⑪ 444 人気3 脚余す 2 3/4 378中336 エリカヴィータ 2004 0.4	1阪 3月5日 ⑦ チューリ 4 牝GII 8ﾄ15頭 千六外 1335 54 石橋脩 S ②②② 474 人気8 先行一息 2身 345中349 ナミュール 1332 0.3	2阪 4月10日 ⑥ 桜花賞 4 牝GI 16ﾄ18頭 千六外 1330 55 Mデムーロ S ⑬⑬⑮ 482 人気2 後方追上 3/4身 359外333 スターズオンア 1329 0.1	2東 4月24日 ② フローラ 7 牝GII 10ﾄ15頭 二千 2012 54 横山和 M ⑪⑪⑪ 416 人気7 後方差詰 5 1/4 377外340 エリカヴィータ 2004 0.8	2阪 4月10日 ⑥ 桜花賞 10 牝GI 18ﾄ18頭 千六外 1332 55 横山武 S ⑮⑬⑫ 426 人気1 外枠不利 1 3/4 359外337 スターズオンア 1329 0.3	2東 4月24日 ② フローラ 1 牝GII 2ﾄ15頭 二千 2004 54 田辺 M ④④④ 442 人気5 好位差切 3/4身 368中340 パーソナルハイ 2005 0.1	3中 3月27日 ❷ ミモザ賞 1 牝1勝 4ﾄ8頭 二千内 2026 54 野中 S ①①① 474 人気7 逃切る 1 1/4 364内362 エーデルブルー 2028 0.2

2,100	アイ
1,400	53ルメール

記号の説明

厩舎左側の㊨㊣は
㊨＝関東・美浦所属
㊣＝関西・栗東所属
賞金左の記号は重の巧拙を表します
◎…得意△…苦手

馬場表示

❶ ➊ 1 ① 開催日の馬場状態
↓ 不良 ↓ 重馬場 ↓ 稍重 ↓ 良馬場

乗替り記号

替…ベスト10外の騎手からベスト10への乗替り
替…それ以外

開催場所・月日
開催日・着順
条件・枠・頭数
距離・タイム
斤量・騎手名
ペース・通過順
馬体重・人気
戦評・馬身差
前半・上り③F
①②着時計・秒

●2022年５月22日・東京11Ｒオークス（ＧⅠ、芝2400m）

18	17	16	15	14	13	12	11
桃8	桃8	桃8	橙7	橙7	橙7	緑6	緑6
ドゥラメンテ(中長)	エピファネイア(中長)	ハービンジャー(中長)	ミッキーアイル㋮	ゴールドシップ(中長)	ディープインパクト(中長)	オルフェーヴル(中長)	ドゥラメンテ(中長)
スターズオンアース	ニシノラブウインク	プレサージュリフト	ピンハイ	シーグラス	パーソナルハイ	ライラック	ベルクレスタ
サザンスターズ㊥	ニシノシルエット(短)	シュプリームギフト㋮	レイテッド㊥	マイネプレセア㋮	パーソナルダイアリー(中長)	ヴィーヴァブーケ㊥	ベルアリュールⅡ㊥
黒鹿	鹿毛	黒鹿	栗毛	鹿毛	鹿毛	鹿毛	鹿毛
55 牝3	55 牝3	55 牝3	55 牝3	55 牝3	55 牝3	55 牝3	55 牝3
替ルメール	三浦	戸崎圭	高倉	替松岡	吉田豊	替横山和	吉田隼
(美)高柳瑞	(美)小手川	(美)木村	(栗)田中克	(美)武藤	(栗)矢作	(美)相沢	(栗)須貝尚
8400	1150	2250	1450	900	1450	2250	1000
17,040	2720	4400	4100	1760	3280	4400	2920
社台ＲＨ	西山茂行	サンデーＲ	北畑忍	ラフィアン	Ｇ１レーシング	芹澤精一	サンデーＲ
(白)社台Ｆ	(新)村上欽哉	(安)ノーザンＦ	(浦)ヒダカＦ	(新)ビッグレッドＦ	(安)追分Ｆ	(浦)杵臼牧場	(安)ノーザンＦ
…○…	………	…△…	………	………	………	…△…	…△…
…○…	………	…△…	………	………	………	………	…▲…
…◎…	………	…△…	………	………	…△…	…△…	…△…
…注…	………	…◎…	…△…	………	………	………	………
…△…	………	…○…	…△…	………	………	………	………
…注…	………	…△…	……西	………	……西	………	…△西
阪1329① 東1473①	東1343② 中1486②	阪1334⑪	阪1330⑤ 函1230①	東1483⑥ 小2002②	阪1331⑥ 中1492⑥ 東2005②	阪1340⑯ 東1501① 阪2045⑧	阪1331⑦
天32.6② 初騎乗	天34.1[3] 0 1 1 1	天33.3① 1 0 0 1	天33.4⑤ 1 1 0 1	〒33.7⑥ 初騎乗	〒33.7① 0 2 0 1	天33.9① 初騎乗	天33.4③ 0 0 0 1
1 2 0 0 初コース	0 1 0 1 初コース	1 0 0 1 初コース	0 1 0 1 初コース	0 0 0 1 初コース	0 1 0 3 初コース	1 0 0 2 初コース	0 1 1 2 初コース
○0000	○0000	○0000	○0000	○0000	○0000	○0000	○0000
スマートストライク	アグネスタキオン	ディープインパクト	ジャングルポケット	マイネルラヴ	シティジップ	キングカメハメハ	ニューメラス
ベクルックス	ニシノイタダキ	オールアットワンス	セヴィルロアー	プレシャスストーン	インワンシティング	ブラックホール	アドマイヤリード
0 0 1 1 0 0 1 2 0 0 0 1 0 0 0 0	0 0 0 1 0 0 1 2 0 0 0 2 0 0 0 1	0 0 0 2 0 0 0 0 0 0 0 0 0 0 0 1	0 0 0 0 0 0 0 1 0 0 0 0 0 0 0 1	0 2 0 0 0 1 0 0 0 0 0 0 0 2 2 0	0 1 0 0 0 2 0 1 0 0 0 0 0 0 1 3	0 0 1 1 0 0 0 0 0 0 0 0 0 1 0 1	0 0 0 1 0 0 0 2 0 0 0 1 0 0 0 2
5東 11月21日 ⑥ 赤松 3 1勝 9ﾀ 9頭 天 1343 54 石橋脩 S ④③③ 468 人気1 好位伸 3¾ 363外338 ナミュール 1338 0.5	4東 10月9日 ① 〒 2 未勝 3ﾀ 16頭 天 1343 54 福永 S ④⑤⑤ 454 人気2 好位伸 2½ 360中344 ラズベリームー 1339 0.4	兄弟 オールアットワンス（現） ラフェリシテ（1勝）	兄弟 セヴィルロアー（2勝） アンジュブーケ（未勝）	1小 1月15日 ① 〒 2 未勝 8ﾀ 14頭 〒 2002 54 丹内 M ⑧⑦⑦ 414 人気7 中位伸 1¾ 365外362 インザオベーシ 1599 0.3	6阪 12月12日 ④ 阪神JF 16 GⅠ 18ﾀ 18頭 天外 1357 54 藤岡康 M ⑩⑥④ 462 人気7 中位一杯 11¼ 352外361 サークルオブラ 1338 1.9	4東 10月16日 ③ 〒 1 新馬 8ﾀ 18頭 天 1501 54 Mデムーロ S ④⑤③ 434 人気1 好位抜出 1¼ 389中339 エピファニー 1503 0.2	4東 10月30日 ⑦ アルテミ 2 GⅢ 2ﾀ 11頭 天 1340 54 松山 S ③③③ 468 人気2 一旦先頭 クビ 361中340 サークルオブラ 1340 0.0
1中 1月10日 ④ フェアリ 2 GⅢ 3ﾀ 16頭 天外 1353 54 石橋脩 S ⑤⑤④ 474 人気1 好位伸 クビ 359中351 ライラック 1352 0.1	5東 11月28日 ⑧ 〒 1 未勝 12ﾀ 18頭 天 1344 54 福永 M ⑧⑨⑨ 452 人気2 中位差切 ハナ 359中344 ライラスター 1344 0.0	4東 10月24日 ⑥ 〒 1 新馬 16ﾀ 16頭 天 1367 54 大野 S [16]⑬⑪ 452 人気2 直線一気 3身 382外333 ローシュタイン 1372 0.5	4阪 10月10日 ② 〒 1 新馬 4ﾀ 14頭 芝内 1230 54 高倉 S [13]⑪⑪ 420 人気7 後方一気 ½身 365中350 ワンリオン 1231 0.1	1小 1月29日 ⑤ 〒 1 未勝 7ﾀ 12頭 〒 2023 54 丹内 S [9]③② 420 人気2 漸抜出 アタマ 379中355 チョッピー 2023 0.0	2中 3月21日 ⑧ フラワー 6 GⅢ 2ﾀ 12頭 天内 1492 54 藤岡康 S [7]⑧⑤ 464 人気3 出遅る 4¼ 378中353 スタニングロー 1485 0.7	5阪 11月27日 ⑦ 京都2才 8 GⅢ 6ﾀ 10頭 〒内 2045 54 Mデムーロ S ⑤⑤② 424 人気4 追上一杯 7½ 381中365 ジャスティンロ 2033 1.2	6阪 12月12日 ④ 阪神JF 6 GⅠ 16ﾀ 18頭 天外 1344 54 松山 M ⑮⑬⑥ 466 人気5 追上一杯 3¾ 358外347 サークルオブラ 1338 0.6
1東 2月12日 ⑤ クインC 2 GⅢ 9ﾀ 16頭 天 1342 54 横山武 S ⑤⑤③ 474 人気1 好位伸 クビ 356中342 プレサージュリ 1341 0.1	1中 1月10日 ④ フェアリ 7 GⅢ 4ﾀ 16頭 天外 1357 54 三浦 S ⑦⑦⑧ 456 人気6 中位差詰 2½ 361中353 ライラック 1352 0.5	1東 2月12日 ⑤ クインC 1 GⅢ 13ﾀ 16頭 天 1341 54 戸崎圭 S [15]⑬⑪ 464 人気2 直線一気 クビ 363外335 スターズオンア 1342 0.1	1阪 3月5日 ⑦ チューリ 2 GⅡ 1ﾀ 15頭 天外 1334 54 高倉 S [10]⑩⑧ 414 人気13 内つき伸 1½ 357内341 ナミュール 1332 0.2	2小 2月13日 [2] あすなろ 1 1勝 6ﾀ 8頭 〒 2034 54 丹内 S ⑧④③ 412 人気4 中位差切 ½身 384外365 シホノスペラン 2035 0.1	2阪 4月10日 ⑥ 桜花賞 6 GⅠ 4ﾀ 18頭 天外 1331 55 吉田豊 S [7]⑧[9] 458 人気17 直線不利 1身 353内338 スターズオンア 1329 0.2	1中 1月10日 ④ フェアリ 1 GⅢ 8ﾀ 16頭 天外 1352 54 Mデムーロ S [16]⑨⑩ 420 人気5 後方追込 クビ 372外347 スターズオンア 1353 0.1	1東 2月12日 ⑤ クインC 3 GⅢ 2ﾀ 16頭 天 1343 54 松山 S ⑪⑬⑯ 464 人気3 後方伸 1身 363内334 プレサージュリ 1341 0.2
2阪 4月10日 ⑥ 桜花賞 1 GⅠ 8ﾀ 18頭 天外 1329 55 川田 S [10]⑩[9] 470 人気7 G前差す ハナ 356中335 ウォーターナビ 1329 0.0	2中 3月21日 ⑧ フラワー 2 GⅢ 5ﾀ 12頭 天内 1486 54 三浦 S ②②② 462 人気9 先行伸 ½身 372中353 スタニングロー 1485 0.1	2阪 4月10日 ⑥ 桜花賞 11 GⅠ 14ﾀ 18頭 天外 1334 55 戸崎圭 S [18]⑱⑰ 460 人気4 後直だけ 3¼ 365外335 スターズオンア 1329 0.5	2阪 4月10日 ⑥ 桜花賞 5 GⅠ 5ﾀ 18頭 天外 1330 55 高倉 S ⑩⑫⑬ 406 人気13 中位伸も 1身 357内334 スターズオンア 1329 0.1	2阪 4月10日 ⑥ 忘れな草 6 L 5ﾀ 8頭 〒内 2013 54 戸崎圭 S ⑧⑧⑥ 412 人気6 後方差詰 6¼ 388外348 アートハウス 2003 1.0	2東 4月24日 ② フローラ 2 GⅡ 3ﾀ 15頭 〒 2005 54 吉田豊 M ①①① 456 人気4 逃粘る ¾身 359内349 エリカヴィータ 2004 0.1	2阪 4月10日 ⑥ 桜花賞 16 GⅠ 10ﾀ 18頭 天外 1340 55 福永 S [16]⑯⑰ 426 人気10 後方まま 7¼ 362中341 スターズオンア 1329 1.1	2阪 4月10日 ⑥ 桜花賞 7 GⅠ 12ﾀ 18頭 天外 1331 55 吉田隼 S ⑬⑬⑬ 460 人気9 後方差詰 1身 359中335 スターズオンア 1329 0.2

表１●東京芝2300m以上の騎手ランク表（2022年度版）

順位	騎手名	ランク
1	D.レーン	S
2	C.ルメール	S
3	M.デムーロ	S
4	田辺裕信	S
5	川田将雅	A
6	戸崎圭太	A
7	福永祐一	A
8	大野拓弥	A
9	三浦皇成	A
10	菅原明良	A
11	津村明秀	A
12	横山典弘	A
13	横山武史	A
14	池添謙一	A
15	R.ムーア	A
16	武豊	A
17	吉田隼人	A
18	野中悠太郎	B
19	石橋脩	B
20	内田博幸	B
21	松岡正海	B
22	和田竜二	B
	ランク外	X

②D・レーン（スタニングローズ）　28・2倍　↓10番人気
③川田将雅（アートハウス）　6・5倍　↓2番人気
④池添謙一（ルージュエヴァイユ）　11・2倍　↓5番人気
⑤石橋脩（サウンドビバーチェ）　除外
⑥M・デムーロ（サークルオブライフ）　3・2倍　↓1番人気
⑦横山典弘（ホウオウバニラ）　156・3倍　↓15番人気
⑧横山武史（ナミュール）　7・1倍　↓4番人気
⑨福永祐一（エリカヴィータ）　11・5倍　↓6番人気
⑩野中悠太郎（ラブパイロー）　187・0倍　↓17番人気
⑪吉田隼人（ベルクレスタ）　18・8倍　↓9番人気
⑫横山和生（ライラック）　42・4倍　↓12番人気

⑬吉田豊（パーソナルハイ）　38・5倍　→11番人気
⑭松岡正海（シーグラス）　159・4倍　→16番人気
⑮高倉稜（ピンハイ）　51・5倍　→13番人気
⑯戸崎圭太（プレサージュリフト）　14・8倍　→8番人気
⑰三浦皇成（ニシノラブウインク）　132・0倍　→14番人気
⑱C・ルメール（スターズオンアース）　6・5倍　→3番人気

■手順③　騎手ランク表と照合し、騎手をS、A、B、Xのいずれかのランクに評価→アルファベットを新聞に書き込む（画面上に打ち込む）

1枠①番の騎手から順に、騎手ランク表と照合し、評価を判定していく。結論は次の通りだ。

①武豊　Aランク
②D・レーン　Sランク
③川田将雅　Aランク
④池添謙一　Aランク
⑤石橋脩　Bランク
⑥M・デムーロ　Sランク

⑦横山典弘　Aランク
⑧横山武史　Aランク
⑨福永祐一　Aランク
⑩野中悠太郎　Bランク
⑪吉田隼人　Aランク
⑫横山和生　Xランク
⑬吉田豊　Xランク
⑭松岡正海　Bランク
⑮高倉稜　Xランク
⑯戸崎圭太　Aランク
⑰三浦皇成　Aランク
⑱C・ルメール　Sランク

■手順④　1～2番人気を「人気グループ」、3～18番人気を「穴グループ」に分類

単勝人気順位にもとづき、出走騎手を人気グループ、穴グループに分けると次のようになる。

[人気グループ]

⑥M・デムーロ　1番人気
③川田将雅　2番人気

【穴グループ】

⑱C・ルメール　3番人気
⑧横山武史　4番人気
④池添謙一　5番人気
⑨福永祐一　6番人気
①武豊　7番人気
⑯戸崎圭太　8番人気
⑪吉田隼人　9番人気
②D・レーン　10番人気
⑬吉田豊　11番人気
⑫横山和生　12番人気
⑮高倉稜　13番人気
⑰三浦皇成　14番人気
⑦横山典弘　15番人気
⑭松岡正海　16番人気

⑩野中悠太郎　17番人気

■手順⑤　次のルールに則りシルシを打つ

［1］穴グループの騎手から4人選出

・3番人気以下の出走馬に騎乗する騎手のなかで、最も評価の高い騎手に【◎】を打つ
↓穴グループのなかに最強評価のSランク騎手は2人。②レーン騎手（10番人気）と⑱ルメール騎手（3番人気）が該当する。

・Sランクから選ぶのが原則で、Sが複数いる場合は、そのなかから人気上位を選ぶ
↓Sランク騎手が複数人いるので、上位人気の⑱ルメール騎手を◎に選出する。

・3番人気以下で次に評価の高い騎手に【△】を打つ
↓Sランク騎手でルメール騎手に次ぐ人気の②レーン騎手が自動的に△となる。

・3番人気以下で3番目に評価の高い騎手に【△】を打つ
↓穴グループでSランクの次に評価の高いAランク騎手は9人。このなかで人気最上位の⑧横山武騎手（4番人気）が2人目の△に選ばれる。

・3番人気以下で4番目に評価の高い騎手に【△】を打つ

↓Aランク騎手9人のなかで、2番目に人気の高い④池添騎手（5番人気）が穴グループ最後の△となる。

・S、A、Bまでをチェックして△が3人に満たなかった場合は、3人になるようにランク外（X）のなかから人気上位順に【△】を打つ

↓穴グループはAランクまでで△が3人（◎も含めて4人）に達したので、この手順は不要となる。

［2］人気グループの騎手2人の優劣を評価

・1～2番人気のなかで評価の高い騎手に【○】を打つ

↓1番人気は⑥M・デムーロ騎手（Sランク）、2番人気は③川田騎手（Aランク）で、評価が高いSランクのM・デムーロ騎手が○に選出される。

・1～2番人気のなかで残った騎手に【△】を打つ

↓残ったAランクの③川田騎手が自動的に△となる。

・2騎手が同じ評価の場合は1番人気が【○】、2番人気が【△】

↓評価に差があったので、この手順は不要となる。

シルシの結論

◎⑱ルメール騎手
○⑥M・デムーロ騎手
△②レーン騎手
△⑧横山武騎手
△④池添騎手
△③川田騎手

これにて、出走騎手の人気、評価ランク、シルシがすべて出そろったので、情報を書き込んだ状態の新聞をご確認いただこう。競馬専門紙やスポーツ紙を用いて予想する際は、こちらを参考にするといいだろう（P26～27）。スマートフォン、タブレット、パソコンなどに打ち込む場合、とくに決まった形式はない。情報がもれなく一覧になっていればＯＫだ。

■手順⑥　次のルールに則り馬券を買う

★3連複フォーメーション（的中重視）

1頭目：◎○
2頭目：◎○△△△△

3頭目：◎○△△△△

（計16点）

★3連単フォーメーション（高配当重視）

・パターン1

1頭目：◎○

2頭目：◎○△△△

3頭目：◎○△△△

・パターン2

1頭目：◎○△△△

2頭目：◎○

3頭目：◎○△△△

（40点＋40点＝合計80点）

買い目の結論

★3連複フォーメーション

1頭目：⑥⑱

2頭目：②③④⑥⑧⑱

東京 11R WIN5⑤

発馬 15.40

第83回 オークス（優駿牝馬）GⅠ

牝(指)三才オープン・55キロ

芝 2400 左回り

項目	1	2	3	4	5	6	7	8	9	10
枠	白1	白1	黒2	黒2	赤3	赤3	青4	青4	黄5	黄5
馬名	ウォーターナビレラ	スタニングローズ	アートハウス	ルージュエヴァイユ	サウンドビバーチェ	サークルオブライフ	ホウオウバニラ	ナミュール	エリカヴィータ	ラブパイロー
父	シルバーステート(マ)	キングカメハメハ	スクリーンヒーロー	ジャスタウェイ(中)	ドゥラメンテ	エピファネイア	ドゥラメンテ	ハービンジャー	キングカメハメハ	パイロ(マ)
母	シャイニングサヤカ(中)	ローザブランカ(中)	パールコード(中)	ナッシングバットドリームズ(中)	スクービドゥー(マ)	シーブリーズライフ	バランセラ(中)	サンブルエミューズ(マ)	マルシアーノ(中)	グッドファッション(マ)
毛色	青鹿	鹿毛	栗毛	鹿毛	黒鹿	鹿毛	栗毛	鹿毛	青毛	青鹿
斤量	55 牝3	55 牝3	55 牝3	55 牝3	55 牝3	55 牝3	55 牝3	55 牝3	55 牝3	55 牝3
騎手	武豊	替レーン	川田	替池添	石橋脩	Mデムーロ	替横山典	横山武	替福永	野中
厩舎	栗武幸	栗高野	栗中内田	美黒岩	栗高柳大	美国枝	栗安田翔	栗高野	美国枝	美大和田
賞金	5100	2750	1600	900	900	5250	400	3500	3000	900
総賞金	11,930	7040	2700	2250	2720	13,390	960	7890	5900	1797
馬主名	山岡正人	サンデーR	シェイク・ファハド	東京HR	増田雄一	飯田正剛	小笹芳央	キャロットF	三木正浩	増田陽一
牧場名	伏木田牧場	ノーザンF	三嶋牧場	社台F	三嶋牧場	千代田牧場	ノーザンF	ノーザンF	ノーザンF	トラストスリーF
佐藤直	…	…	注	◎	…	▲	…	△	△	…
小野智	△	…	△	注	…	◎	…	△	△	…
久光	注	▲	…	…	…	○	…	…	△	…
西田	…	△	△	△	…	○	…	…	▲	…
中田	△	▲	△	…	△	◎	…	注	…	…
本紙武井	△ 西	△ 西	○ 西	△	西	◎	西	▲ 西	…	…
芝 1600/1800/2000/2400	阪1329② [illegible]1211① [illegible]1314①	新1343⑤ 中[illegible]① [illegible]①	阪2003①	中1484① 東2008⑤	阪1335④ [illegible]1211⑥	阪1330④ 新1486③	阪1468③ 東2012⑦	阪1332①	中1360⑩ 東2004①	中1356⑥ 中1492⑥ 中2026❶ 大夕1549④
上り最高	33.6①	[illegible]	33.9①	33.6⑤	33.9②	33.3④	34.0⑦	[illegible]	34.0①	35.7⑥
騎乗成績	1111	初騎乗	2000	初騎乗	1001	3021	初騎乗	1001	初騎乗	1002
クラス実績	1111	1012	1000	0001	0001	2011	0001	1002	1001	0001
当該条件	初コース	初コース	初コース	初コース	初コース	初コース	初コース	初コース	初コース	初コース
芝コース重の実績	○0000	○0000	○0000	○0000	○1000	○0000	○0000	○0000	○0000	◎1000
母の父	キングヘイロー	クロフネ	ヴィクトワールピサ	フランケル	ヨハンクライフ	アドマイヤジャパン	アカテナンゴ	ダイワメジャー	フジキセキ	アドマイヤマックス
兄弟馬	ソイカウボーイ	バンゴール	初仔	初仔	プリンセスムーン	イッツザファースト	ピッシュ	ヴェスターヴァルト	フラワリングナイト	ラザンツ
距離別勝利度数	0001 0001 0001 0001	0012 0000 0001 0002	0200 0000 0000 0100	0020 0000 0000 0100	0002 0001 0000 0002	0003 0000 0011 0001	0010 0000 0010 0100	0003 0000 0000 0002	0101 0000 0000 0001	0110 0000 0010 0032
		2						3		
←騎手	武豊	D・レーン	川田	池添	石橋	M・デムーロ	横山典	横山武	福永	野中
←ランク	A	S	A	A	B	S	A	A	A	B
←人気	7	10	2	5	除外	1	15	4	6	17
←シルシ		△	△	△		○		△		

賞金 14,000 / 5,600 / 3,500 / 2,100 / 1,400

レコード 2.20.6 18年11月 アーモンドアイ 53ルメール

項目	1	2	3	4	5	6	7	8	9	10
開催場所・月日	1阪 3月5日	1阪 2月13日	6阪 12月11日	2中 2月27日	1中 1月15日	1阪 3月5日	1阪 3月6日	1阪 3月5日	1中 1月10日	2中 2月27日
開催日・着順	⑦チューリ 5	[2]こぶし賞 1	③エリカ賞 6	②デイジー 1	⑤菜の花賞 1	⑦チューリ 3	⑧アルメリ 3	⑦チューリ 1	④フェアリ 10	②デイジー 6
条件・枠・頭数	牝GⅡ 9ゲ15頭	1勝 5ゲ6頭	1勝 2ゲ11頭	牝1勝 1ゲ9頭	牝1勝 1ゲ11頭	牝GⅡ 3ゲ15頭	1勝 7ゲ7頭	牝GⅡ 6ゲ15頭	牝GⅢ 9ゲ16頭	牝1勝 5ゲ9頭
距離・タイム	芝外1336	芝外1369	芝内2006	芝内1484	芝外1351	芝外1334	芝外1468	芝外1332	芝外1360	芝内1492
斤量・騎手名	54武豊	54坂井	54Cデムーロ	54戸崎圭	54石橋脩	54Mデムーロ	54横山和	54横山武	54ルメール	54野中
ペース・通過順	S④④⑤	S④③③	M②②②	S⑦⑥⑥	M③④④	S④④④	M②②②	S⑦⑦⑧	S⑭⑬⑬	S⑥⑥⑦
馬体重・人気	478 人気3	476 人気1	464 人気1	450 人気1	474 人気1	476 人気2	426 人気3	430 人気1	438 人気2	472 人気8
戦評・馬身差	好位一息 2¾	G前差す アタマ	先行一杯 5½	中位一気 クビ	好位抜出 1½	好位詰る 1¾	先行伸 3¼	中位一気 1¼	4角不利 4¾	中位一杯 4½
前半・上り③F	352中345	383中334	360中366	385外350	358内357	352内345	353外353	354中339	369外353	381内357
①②着時計・秒	ナミュール 1332 0.4	セイウンハーデ 1369 0.0	サトノヘリオス 1597R0.9	サンカルパ 1484 0.0	フミバレンタイ 1354 0.3	ナミュール 1332 0.2	ピースオブエイ 1463 0.5	ピンハイ 1334 0.2	ライラック 1352 0.8	ルージュエヴァ 1484 0.8
開催場所・月日	2阪 4月10日	2中 3月21日	2阪 4月10日	2東 4月24日	1阪 3月5日	2阪 4月10日	2東 4月24日	2阪 4月10日	2東 4月24日	3中 3月27日
開催日・着順	⑥桜花賞 2	⑧フラワー 1	⑥忘れな草賞 1	②フローラ 5	⑦チューリ 4	⑥桜花賞 4	②フローラ 7	⑥桜花賞 10	②フローラ 1	❷ミモザ賞 1
条件・枠・頭数	牝GⅠ 6ゲ18頭	牝GⅢ 1ゲ12頭	牝L 7ゲ8頭	牝GⅡ 1ゲ15頭	牝GⅡ 8ゲ15頭	牝GⅠ 16ゲ18頭	牝GⅡ 10ゲ15頭	牝GⅠ 18ゲ18頭	牝GⅡ 2ゲ15頭	牝1勝 4ゲ8頭
距離・タイム	芝外1329	芝内1485	芝内2003	芝2008	芝外1335	芝外1330	芝2012	芝外1332	芝2004	芝内2026
斤量・騎手名	55武豊	54川田	54川田	54戸崎圭	54石橋脩	55Mデムーロ	54横山和	55横山武	54田辺	54野中
ペース・通過順	S②②②	S③③③	S④⑤④	M⑫⑪⑪	S②②②	S⑬⑬⑮	M⑪⑪⑪	S⑮⑬⑫	M④④④	S①①①
馬体重・人気	464 人気3	474 人気2	474 人気1	444 人気3	474 人気8	482 人気2	416 人気7	426 人気1	442 人気5	474 人気7
戦評・馬身差	先行伸 ハナ	好位抜出 ½身	中位抜出 3身	脚余す 2¾	先行一息 2身	後方追上 ¾身	後方差詰 5¼	外枠不利 1¾	好位差切 ¾身	逃切る 1¼
前半・上り③F	348中340	374中350	379中340	378中336	345中349	359外333	377外340	359外337	368中340	364内362
①②着時計・秒	スターズオンア 1329 0.0	ニシノラブウイ 1486 0.1	セルケト 2008 0.5	エリカヴィータ 2004 0.4	ナミュール 1332 0.3	スターズオンア 1329 0.1	エリカヴィータ 2004 0.8	スターズオンア 1329 0.3	パーソナルハイ 2005 0.1	エーデルブルー 2028 0.2

●2022年５月22日・東京11Ｒオークス（ＧＩ、芝2400ｍ）

1着⑱スターズオンアース
（3番人気）
Ｃ・ルメール＝Ｓ

2着②スタニングローズ
（10 番人気）
Ｄ・レーン＝Ｓ

3着⑧ナミュール
（4番人気）
横山武史＝Ａ

単⑱ 650 円
複⑱ 230 円
② 730 円
⑧ 340 円
馬連②−⑱ 8150 円
馬単⑱→② 12750 円
3連複②⑧⑱ 19360 円
3連単⑱→②→⑧ 119010 円

馬番	枠	馬名	父	母	毛色	斤量	騎手	厩舎	賞金	総賞金	馬主	生産者	評価	人気
11	6	ベルクレスタ	ドゥラメンテ	ベルアリュールⅡ	鹿毛	55 牝3	吉田隼	須貝尚	1000	2920	サンデーR	ノーザンF	吉田隼 A	9
12	6	ライラック	オルフェーヴル	ヴィーヴァブーケ	鹿毛	55 牝3	横山和	相沢	2250	4400	芹澤精一	杵臼牧場	横山和 X	12
13	7	パーソナルハイ	ディープインパクト	パーソナルダイアリー	鹿毛	55 牝3	吉田豊	矢作	1450	3280	G1レーシング	追分F	吉田豊 X	11
14	7	シーグラス	ゴールドシップ	マイネプレセア	鹿毛	55 牝3	松岡	武藤	900	1760	ラフィアン	ビッグレッドF	松岡 B	16
15	7	ピンハイ	ミッキーアイル	レイテッド	栗毛	55 牝3	高倉	田中克	1450	4100	北畑忍	ヒダカF	高倉 X	13
16	8	プレサージュリフト	ハービンジャー	シュプリームギフト	黒鹿	55 牝3	戸崎圭	木村	2250	4400	サンデーR	ノーザンF	戸崎 A	8
17	8	ニシノラブウインク	エピファネイア	ニシノシルエット	鹿毛	55 牝3	三浦	小手川	1150	2720	西山茂行	村上欽哉	三浦 A	14
18	8	スターズオンアース	ドゥラメンテ	サザンスターズ	黒鹿	55 牝3	ルメール	高柳瑞	8400	17,040	社台RH	社台F	C・ルメール S ◎	3

1

３連単
11万9010円!

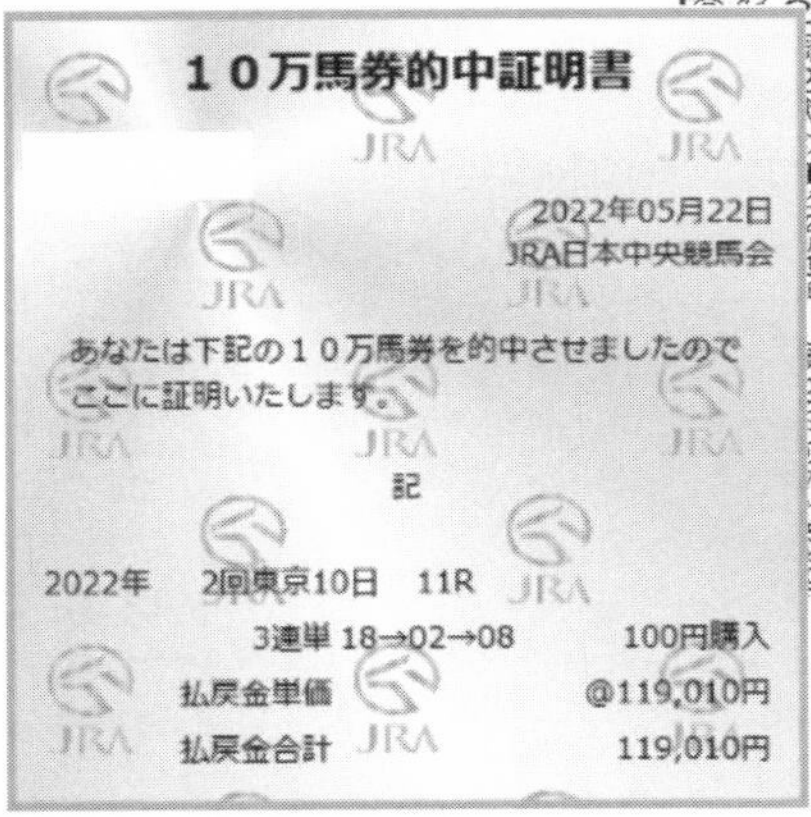
10万馬券的中証明書

2022年05月22日
JRA日本中央競馬会

あなたは下記の１０万馬券を的中させましたので
ここに証明いたします。

記

2022年　2回東京10日　11R
3連単 18→02→08　100円購入
払戻金単価　@119,010円
払戻金合計　119,010円

3頭目：②③④⑥⑧⑱

★3連単フォーメーション

パターン1

1頭目：⑥⑱

2頭目：②③④⑥⑧⑱

3頭目：②③④⑥⑧⑱

パターン2

1頭目：②③④⑥⑧⑱

2頭目：⑥⑱

3頭目：②③④⑥⑧⑱

結果は、1着が◎⑱ルメール騎手（スターズオンアース）、2着が△②レーン騎手（スタニングローズ）、3着が△⑧横山武騎手（ナミュール）で、3連複と3連単がダブルで的中する。

3連単の配当は11万９０１０円。手順通りに馬券を買うだけで、誰でもカンタンに、このような高額配当を獲ることができるのだ。

ここからは、過去に私が実際に的中させたレースのなかから、高額配当的中、◎が4着以下に敗れても的中、若手&リーディング下位騎手狙いによる的中、２０２３年度版の騎手ランク表を使った直近の的中など、代表的かつタイプの異なる的中例をいくつか紹介していく。

イメージは野球の〝千本ノック〟。とにかく数をこなすことにより、予想手順を体に覚えさせるのが目的だ。さすがに千レース扱うわけにはいかないが、取り上げたレースの的中に至るまでの過程をひとつずつしっかり確認していけば、馬券術【勝負ジョッキー】をスムーズに運用できるようになるだろう。

なお、何度もしつこいようで恐縮ながら、最後に取り上げる２０２３年ダイヤモンドS以外のレースは、当時（２０２２年度版）の騎手ランク表を使用しているのでご注意を。現在、内容は更新されているので、読者のみなさんがこれから予想に臨む際、２０２４年2月までの期間は本書第3章掲載の最新版（２０２３年度版）をご使用いただきたい。

最低人気にシルシを回して153万馬券のメガヒット！
～2022年　NHKマイルC～

本書の冒頭で私は「馬券術【勝負ジョッキー】を駆使すれば、１００万馬券を他人事ではなく〝自分事〟にできる」と書いた。それが誇張でもなんでもないということを証明するために取り上げたのが、このレースである。

１００万馬券は、超人気薄を絡めなければ獲ることはままならない。最低でも1頭は、二桁人気を買う必要があるだろう。

しかし、二桁人気を買うことに躊躇する競馬ファンはじつに多い。冴えない近走成績やコース＆距離実績、地味な鞍上・厩舎・血統、上から下まで無印が並ぶ新聞などを見て、「おそらく無理だろうな」と主観で判断してしまうからだ。最低人気ともなれば、さらに購入に踏み切るハードルが上がるのではないか。

「まさに自分のことだ」と感じた方は、必ずいらっしゃるはずである。

そんなみなさんにこそ、この２０２２年ＮＨＫマイルＣ（Ｐ34〜35）に目を向け、つまらない常識と後ろ向きの固定観念で形成された殻を破っていただきたい。

ＮＨＫマイルＣの舞台となる東京芝１６００ｍの騎手ランク表（２０２２年度版）は右に掲載した通り（手順①）。騎手の人気順とランクは、すでに出馬表に書き込んである（手順②〜③）。

人気とランクは、別々にチェックしていくと時間がかかるので、同時にチェックして書き込んでいく

表２●東京芝1600mの騎手ランク表（2022年度版）

順位	騎手名	ランク
1	C.ルメール	S
2	菅原明良	S
3	川田将雅	S
4	田辺裕信	A
5	D.レーン	A
6	戸崎圭太	A
7	福永祐一	A
8	野中悠太郎	A
9	木幡巧也	A
10	横山和生	A
11	丸山元気	A
12	池添謙一	A
13	松山弘平	A
14	横山武史	A
15	横山典弘	A
16	M.デムーロ	A
17	R.ムーア	A
18	江田照男	B
19	津村明秀	B
20	石橋脩	B
21	武豊	B
22	柴田大知	B
	ランク外	X

ことを推奨する。このレースの場合、1枠①番のマテンロウオリオンに騎乗する横山典騎手は3番人気のAランクなので、新聞に「3」「A」と記入。これを大外枠まで続けていけばOKだ。

そして、1番人気の④福永騎手と2番人気の⑪レーン騎手が「人気グループ」、それ以外の騎手が「穴グループ」となる（手順④）。

続いて、シルシを打っていく（手順⑤）。穴グループのなかで最上位評価のSランクは、⑱川田騎手（4番人気）と⑩菅原明騎手（18番人気）の2人。人気上位騎手優先のルールに則り、川田騎手が◎、菅原明騎手が△となる。

穴グループから△になるのは残り2人。複数人いるAランク騎手のなかから、人気上位の①横山典騎手（3番人気）と②横山武騎手（7番人気）が選ばれる。

なお、これはあえて説明するまでもないが、横山武騎手より人気上位の⑧藤岡佑騎手（5番人気）はAランクより評価の低いXランク、⑬武豊騎手（6番人気）は同じくAランクより評価の低いBランクのためシルシの対象外となる。

人気グループの2人は、1番人気の④福永騎手、2番人気の⑪レーン騎手がともにAランクなので、人気上位騎手優先のルール通りに前者が○、後者が△となる。

シルシの結論

◎⑱川田騎手
○④福永騎手

△⑩菅原明騎手
△①横山典騎手
△②横山武騎手
△⑪レーン騎手

最後に、買い目を組んで馬券を購入する（手順⑥）。こちらはとくに考えることなく、該当するシルシの馬番をルール通りの買い目に当てはめていくだけだ。

買い目の結論

★3連複フォーメーション
1頭目：④⑱
2頭目：①②④⑩⑪⑱
3頭目：①②④⑩⑪⑱

★3連単フォーメーション
・パターン1
1頭目：④⑱
2頭目：①②④⑩⑪⑱

3頭目：①②④⑩⑪⑱

・パターン2

1頭目：①②④⑩⑪⑱

2頭目：④⑱

3頭目：①②④⑩⑪⑱

ここで注目したいのは、18頭立ての最低人気、⑩菅原明騎手が買い目に組み込まれている点である。

私には不要としか思えない、競馬の〝ジョーシキ〟にとらわれていたら、前走GⅢアーリントンCで12番人気11着に大敗しているカワキタレブリーには、ＧＩではなかなか手を出せないだろう。調教の動きも平凡で、デキ絶好と煽るようなメディア報道も見られなかった。馬を評価していたら、即座に「消し」にしてもおかしくない。事実、そういうジャッジで買い目から外していた方も多いはずである。

しかし、【勝負ジョッキー】にそんな常識は通用しない。

原則的に、馬のことは見ずに騎手だけで判断する。

菅原明騎手は東京芝１６００ｍを乗りこなすのが上手い。

だから、Ｓランクに評価されている。

そして、Ｓランク騎手は例外なく買い目に組み込まれるルールになっている。

よって、外すという選択肢はない。

当然、買う。

東京 11R

WIN5⑤

発馬 15.40

第27回 NHKマイルカップ GI

指 三才オープン・牡57キロ 牝55キロ

	1	2	3	4	5	6	7	8	9	10
枠	白1	白1	黒2	黒2	赤3	赤3	青4	青4	黄5	黄5
馬名	マテンロウオリオン	ソネットフレーズ	ソリタリオ	セリフォス	キングエルメス	トウシンマカオ	タイセイディバイン	アルーリングウェイ	ダンテスヴュー	カワキタレブリー
父	ダイワメジャー	エピファネイア	モーリス	ダイワメジャー	ロードカナロア	ビッグアーサー	ルーラーシップ	ジャスタウェイ	キングカメハメハ	ドレフォン
母	パルテノン	ボージェスト	サプトゥエンティ	シーフロント	ステラリード	ユキノマーメイド	ダイワスピリット	アルーリングライフ	クロウキャニオン	カフジビーナス
毛色	黒鹿	鹿毛	栗毛	栗毛	鹿毛	栗毛	鹿毛	黒鹿	鹿毛	黒鹿
斤量	57 牡3	55 牝3	57 牡3	57 牡3	57 牡3	57 牡3	57 牡3	55 牝3	57 牡3	57 牡3
騎手	横山典	替 横山武	替 鮫島駿	替 福永	坂井	戸崎圭	松若	藤岡佑	吉田隼	替 菅原明
厩舎	栗 昆	美 手塚	栗 西村	栗 中内田	栗 矢作	美 高柳瑞	栗 高野	栗 藤岡健	栗 友道	栗 杉山佳
賞金	3600	1150	1700	5300	2300	2350	2000	1600	1200	900
総賞金	7490	2200	3600	10,400	5660	4600	4240	3100	2960	3550
馬主名	寺田千代乃	キャロットF	サンデーR	GIレーシング	広尾レース	サトー	田中成奉	サンデーR	金子真人HD	川島和範
牧場名	新 ムラカミF	安 ノーザンF	安 ノーザンF	安 追分F	び 木村秀則	び 服部牧場	日 下河辺牧場	白 白老F	安 ノーザンF	新 川島牧場
佐藤直	○		△	◎	△	△		△		
小野智	△	注		○	[illegible]		△			
久光	◎	△		○				注		
西田	◎			○	△				△	
中田	△	○	△	◎	△		△		△	
本紙武井	△	△		○	△		△		注	
芝 1200・1400・1600・1800	阪 [illegible] 中 [illegible]	新 1343①	中京 1341② 中 1493⑩	阪 1336②	札 1092① 東 1213① 阪 1329③ 中京 1299⑤	東 1215② 阪 1340⑥	中京 2022⑩ 中京 1212② 阪 1328② 阪 1470②	阪 1095① 阪 1219② 阪 1331⑧	中京 2005② 東 1472④	阪 1104⑤ [illegible]
上り最高	[illegible]	33.5②	34.3①	32.8①	34.1①	33.1①	33.9②	34.0⑧	33.1②	[illegible]③
騎乗成績	2 1 0 0	初騎乗	初騎乗	初騎乗	2 0 1 1	2 1 0 2	1 4 1 2	2 1 0 1	0 0 0 1	初騎乗
クラス実績	1 1 0 0	0 1 0 0	0 1 0 1	2 1 0 0	1 0 1 1	1 1 0 2	0 2 0 1	1 0 0 1	0 1 0 2	0 0 2 4
当該条件	初コース	初コース	0 1 0 0	初コース	初コース	初コース	初コース	初コース	初コース	初コース
芝コース重の実績	○0000	○0000	○0000	○0000	○0000	○0000	○0100	○0000	○0000	○0000
母の父	キングカメハメハ	キングカメハメハ	キングカメハメハ	ルアーヴル	スペシャルウィーク	スペシャルウィーク	ダンスインザダーク	フレンチデピュティ	フレンチデピュティ	ディープインパクト
兄弟馬	ロードインファイト	ボーデン	ミルティアデス	フォルテデイマルミ	パラスアテナ	ベステンダンク	ダイワラスター	シュルレアリスト	ボレアス	カフジアスール
距離別勝利度数	0110 / 0200 / 0000 / 0000	0100 / 0100 / 0000 / 0000	0200 / 0300 / 0000 / 1000	0300 / 0100 / 0000 / 0000	0011 / 0000 / 0100 / 0000	0110 / 0010 / 0000 / 0110	0000 / 2110 / 1000 / 0000	0101 / 0010 / 0000 / 0100	0000 / 1000 / 0000 / 1000	0101 / 0000 / 0100 / 0211

	1	2	3	4	5	6	7	8	9	10
←騎手	横山典	横山武	鮫島駿	福永	坂井	戸崎	松若	藤岡佑	吉田隼	菅原明
←ランク	A	A	X	A	X	A	X	X	X	S
←人気	3	7	13	1	9	11	10	5	12	18
←シルシ	△	△		○						△

兄弟 ネクサスアルカナム（未勝）（現）

	1	2	3	4	5	6	7	8	9	10
開催場所・月日	1中京 1月9日	5阪 11月13日	1中京 1月9日	6阪 12月19日	5東 11月6日	1東 1月29日	2中京 3月19日	1中京 2月5日	1中京 2月6日	1中京 1月29日
開催日・着順	③ シンザン 1	③ デイリー2才 2	③ シンザン 2	⑥ 朝日FS 2	① 京王2才 1	① クロッカ 1	③ ファルコ 2	⑪ エルフィ 1	⑫ きさらぎ 2	⑨ [illegible] 1
条件・枠・頭数	GIII 10 15頭	GII 1 7頭	GIII 3 15頭	GI 4 15頭	GII 3 14頭	L 6 9頭	GIII 3 18頭	牝L 6 10頭	GIII 3 11頭	1勝 9 11頭
距離・タイム	芝16 1341	芝外16 1351	芝16 1341	芝外16 1336	芝14 1213	芝14 1218	芝14 1212	芝16 1340	芝20 2005	芝16 1360
斤量・騎手名	56 横山典	54 ルメール	56 Cデムーロ	55 Cデムーロ	55 坂井	56 戸崎圭	56 松若	54 藤岡佑	56 川田	56 松山
ペース・通過順	S ③④③	S ④③④	S ⑦⑥⑥	M ③⑤⑤	S ①②②	S ③③②	H ⑧⑨⑨	S ②②②	S ⑤⑤⑤	S ②②②
馬体重・人気	486 人気4	466 人気2	482 人気2	486 人気1	492 人気8	450 人気1	514 人気13	454 人気4	452 人気3	432 人気5
戦評・馬身差	好位抜出 クビ	内つき伸 クビ	中位伸 クビ	好位伸 ½身	先行抜出 1¼	好位抜出 1¼	中位伸 1¾	先行抜出 1¼	中位伸 ハナ	先行抜出 ½身
前半・上り③F	356内349	364内335	361中347	352中348	351中341	365中331	338中361	356中348	369中353	371中344
①②着馬	ソリタリオ	セリフォス	マテンロウオリ	ドウデュース	トウシンマカオ	ブルパレイ	ブルパレイ	ママコチャ	マテンロウレオ	タガノエスコー
①②着時計・秒	1341 0.0	1351 0.0	1341 0.0	1335 0.1	1215 0.2	1220 0.2	1209 0.3	1342 0.2	2005 0.0	1361 0.1

	1	2	3	4	5	6	7	8	9	10
開催場所・月日	3中 4月9日	6ヵ月休	2中 3月20日	4ヵ月半	2阪 4月16日	2中京 3月19日	2阪 4月16日	2阪 4月10日	3中 4月17日	2阪 4月16日
開催日・着順	⑤ ニュージ 2	球節不安放牧	⑦ スプリン 10	放牧	⑦ アーリン 3	③ ファルコ 5	⑦ アーリン 2	⑥ 桜花 8	⑧ 皐月 10	⑦ アーリン 11
条件・枠・頭数	GII 1 11頭	乗込み3週間	GII 9 13頭	乗込み5週間	GIII 1 18頭	GIII 8 18頭	GIII 14 18頭	牝GI 3 18頭	GI 8 18頭	GIII 18 18頭
距離・タイム	芝外16 1335	仕上り○	芝内18 1493	仕上り○	芝外16 1329	芝14 1215	芝外16 1328	芝外16 1331	芝内20 2005	芝外16 1337
斤量・騎手名	56 横山典	連対体重	56 横山武	連対体重	56 坂井	57 戸崎圭	56 松若	55 藤岡佑	57 吉田隼	56 藤岡康
ペース・通過順	S ⑤⑤⑦	466キロ	S ⑨⑪⑪	480～486	S ③③④	H ④⑤⑤	S ⑧⑥④	S ③④④	S ⑧⑧⑧	S ④③③
馬体重・人気	486 人気1	3ヵ月以上休	478 人気3	3ヵ月以上休	484 人気4	452 人気1	516 人気7	454 人気5	456 人気15	432 人気12
戦評・馬身差	中位伸も アタマ	①②③外	後方まま 5¼	①②③外	好位伸 1身	御余す 3¾	漸進伸 クビ	好位一杯 1¼	中位一杯 5¼	好位一杯 5¾
前半・上り③F	360外341	1 0 0 0	379中352	1 0 0 0	346中341	336中367	349中339	351中340	361中349	346中351
①②着馬	ジャングロ		ビーアストニッ		ダノンスコーピ	ブルパレイ	ダノンスコーピ	スターズオンア	ジオグリフ	ダノンスコーピ
①②着時計・秒	1335 0.0		1484 0.9		1327 0.2	1209 0.6	1327 0.1	1329 0.2	1597 0.8	1327 1.0

●2022年5月8日・東京11R　NHKマイルC（GⅠ、芝1600m）

1着⑱ダノンスコーピオン
（4番人気）
川田将雅＝S
2着①マテンロウオリオン
（3番人気）
横山典弘＝A
3着⑩カワキタレブリー
（18番人気）
菅原明良＝S

単⑱ 710円
複⑱ 260円
① 260円
⑩ 4780円
馬連①－⑱ 2490円
馬単⑱→① 4820円
3連複①⑩⑱ 416750円
3連単⑱→①→⑩ 1532370円

馬番・枠	18 桃8	17 桃8	16	15 橙7	14 橙7	13	12 緑6	11
父	ロードカナロア	ロードカナロア	イスラボニータ	リオンディーズ	エピファネイア	モアザンレディ	アメリカンペイトリオット	リオンディーズ
馬名	ダノンスコーピオン	ステルナティーア	プルパレイ	オタルエバー	フォラブリューテ	(外)ジャングロ	セイクリッド	インダストリア
母	レキシールー	ラルケット	マイジェン	ルージュクール	ブルーメンブラット	グッバイストレンジャー	ケンアマツカゼ	インダクティ
毛色	鹿毛	鹿毛	鹿毛	黒鹿	黒鹿	黒鹿	鹿毛	鹿毛
斤量・性齢	57 牡3	55 牡3	57 牡3	57 牡3	55 牡3	57 牡3	55 牡3	57 牡3
騎手	川田	池添	Mデムーロ	横山和	大野	武豊	菊沢	レーン
調教師	安田隆	木村	須貝尚	中竹	宮田	森	大根田	宮田
賞金	3200	1000	2900	900	1600	4900	400	1600
総賞金	8200	2000	7170	3780	2990	10,090	650	3330
馬主	ダノックス	サンデーR	GリビエールR	住谷幾久子	キャロットF	藤田晋	中西宏彰	サンデーR
生産者	ケイアイF	ノーザンF	社台F	レイクヴィラF	ノーザンF	アメリカ	ケンブリッジバレー	ノーザンF
予想	注 ▲ ▲ ▲ ▲ ◎ 西	注	▲ △ 西	西	△	△ △ △ △ △ △ 西	西	△ ◎ △ △ 注 ▲
持ち時計	阪1 [illegible] ① 阪14 [illegible] ①	阪1344⑦	京1209① 新1333①	京1213③ 新1341③	京1218① 阪1338⑭	阪1080① 阪1213② 中1335① チダ59.3②	阪ダ1256①	中2008⑤ 中1349① 東1476①
上がり	天3[illegible]① 3001	天32.7① 初騎乗	西32.5② 3202	天33.5① 初騎乗	天33.0① 初騎乗	三34.4① 4111	初芝 初騎乗	天33.4② 初騎乗
コース	2011 初コース	0102 0100	1102 0100	0021 初コース	1002 0001	3000 0001	0000 初コース	1001 初コース
	○0000	○0000	○0000	○0000	○0000	○0000	○0000	○0000
兄弟	スライゴーベイ ダノンバジリア	ファルブラヴ ステルヴィオ	フサイチペガサス サトノゴールド	リダウツチョイス スターフィールド	アドマイヤベガ パールデュー	ブロードブラッシュ ―	マーベラスサンデー ケンシュナウザー	ハーツクライ ケイデンスコール
距離別成績	1200 0000 0100 1000	0100 0100 0000 0200	0210 0110 0000 0200	0110 0010 0110 0100	0110 0000 0000 0200	0112 0010 0001 0100	0010 0000 0010 0000	1100 1000 0000 0000
騎手	川田	池添	M・デムーロ	横山和	大野	武豊	菊沢	D・レーン
評価	S	A	A	A	X	B	X	A
	4	14	8	15	16	6	17	2
	◎							△

馬番	18	17	16	15	14	13	12	11
前々走	1東 2月13日 ⑥共同通信 7 GⅢ 11ト11頭 天1488 56川田 S ⑧⑧⑦ 458 人気4 中位まま 5¾ 371中343 ダノンベルーガ 1479 0.9	6阪 12月12日 ④阪神JF 7 牝GⅠ 8ト18頭 天外1344 54ルメール M ⑨⑥⑨ 432 人気2 向正不利 3¾ 353中346 サークルオブラ 1338 0.6	1東 1月29日 ①クロッカ 2 L 7ト9頭 西1220 56Mデムーロ S ⑨⑨⑨ 492B 人気3 後方伸 1¼ 372外325 トウシンマカオ 1218 0.2	6阪 12月19日 ⑥朝日FS 12 GⅠ 6ト15頭 天外1350 55 幸 M ⑧⑤⑤ 456 人気7 好位一杯 9身 351外362 ドウデュース 1335 1.5	1中京 1月15日 ⑤紅梅 1 牝 1ト9頭 西1218 54ルメール S ⑦⑦⑦ 440 人気1 直線一気 1身 355外347 ダークペイジ 1219 0.1	1阪 2月27日 ⑥マーガレ 1 L 7ト13頭 三内1080 56武豊 M ③④④ 464 人気1 好位抜出 1½ 336中344 ショウナンマッ 1082 0.2	2阪 3月27日 ❷ 3 未勝 7ト16頭 西ダ1263 54国分恭 H ⑯⑯⑬ 454 人気15 後方伸 7½ 379外363 ロードオルデン 1251 1.2	1中 1月5日 ①ジュニア 1 L 4ト9頭 天外1349 56戸崎圭 S ④⑤④ 494 人気2 楽抜出 2½ 366中343 ベルウッドブラ 1353 0.4
前走	2阪 4月16日 ⑦アーリン 1 GⅢ 10ト18頭 天外1327 56川田 S ⑩⑩⑩ 458 人気1 中位差切 クビ 351中336 タイセイディバ 1328 0.1	1阪 3月5日 ⑦チューリ 11 牝GⅡ 14ト15頭 天外1344 54福永 S ⑩⑫⑪ 440 人気4 後方まま 7¾ 359外349 ナミュール 1332 1.2	2中京 3月19日 ③ファルコ 1 GⅢ 1ト18頭 西1209 56Mデムーロ H ⑧⑨⑦ 494 人気2 中位抜出 1¾ 338内359 タイセイディバ 1212 0.3	2中京 3月19日 ③ファルコ 3 GⅢ 14ト18頭 西1213 56 幸 H ⑬⑪⑪ 470 人気6 中位伸 2¼ 339外360 プルパレイ 1209 0.4	2阪 4月10日 ⑥桜花賞 14 牝GⅠ 17ト18頭 天外1338 55ルメール S ⑯⑯⑬ 442 人気12 後方まま 5¾ 362外341 スターズオンア 1329 0.9	3中 4月9日 ⑤ニュージ 1 GⅡ 6ト11頭 天外1335 56武豊 S ①①① 460 人気3 逃差し返 アタマ 347内347 マテンロウオリ 1335 0.0	2阪 4月17日 ⑧ 1 未勝 9ト16頭 西ダ1256 54国分恭 H ⑭⑫⑦ 452 人気5 後方一気 2½ 365外372 メイショウヒメ 1260 0.4	2中 3月6日 ④弥生賞 5 GⅡ 9ト11頭 平内2008 56戸崎圭 S ⑨⑨⑧ 488 人気2 後方追上 2身 375外349 アスクビクター 2005 0.3

それだけのことなのだ。余計な主観はいっさい要らない。みなさんはただ、客観的に導き出された結論に従えばいい。

すると、1着◎⑱川田騎手、2着△①横山典騎手、3着△⑩菅原明騎手で決まり、153万2370円の配当をつけた3連単をカンタンに的中させられるのだ。とにもかくにも、このレースを振り返ることで、「【勝負ジョッキー】を使えば誰にでも同じことができる」と強く認識していただきたい。

なお、このレースの的中馬券（証明書）を掲載していないのは〝大人の事情〟によるため。馬券裁判や二重課税問題に関する昨今の報道をご覧になっているみなさんなら、その真意を理解していただけることだろう。

◎4着以下、○2着でも狙った獲物は逃さない！
~2022年　安田記念~

「予想上手の馬券下手」

これを口にしたことのある方、あるいは自認されている方は多いと思う。

狙った馬はみんな上位に来ているのに、タテ目を買っていない……。

本命対抗の2頭がワンツーを決めたのに、3着がヌケてしまった……。

よくあるパターンだ。

そんなあなたに朗報、というほど大げさなものではないが、いいセンまでいっていた馬券の惜しい獲り逃しをできるだけ回避する方法をお教えする。【勝負ジョッキー】の買い目構築ルールがまさにそれだ。

詳しくは第2章で解説するが、馬券の中軸となる◎○の２頭はそれぞれ、前者が高配当的中、後者が的中率上昇という異なる目的を持っている。３番人気以下から選ばれる◎は、期待値が高い一方で、○よりも馬券圏外に敗れる確率が高い。だから、仮に◎がコケても○が頑張ってくれれば的中できるように、２頭軸のスタイルを採用しているのだ。

しかも、アタマを取らなくてもＯＫ。相手の△が拾えていれば、２着でも的中を呼び込めるようになっている。

シルシを回した馬のボックスだと買い目が膨れ上がってしまい、回収率の向上が望めないが、◎○を1着軸、２着軸に据えたフォーメーションなら「予想上手の馬券下手」を回避しつつ、バランスの取れた的中率&回収率をキープすることができる。

それを証明する、最たる例になってくれたのが２０２２年安田記念（Ｐ40～41）だ。

安田記念の舞台は先ほどのＮＨＫマイルＣと同じ東京芝１６００ｍで、騎手ランク表（２０２２年度版）はＰ30に掲載した通り（手順①）。騎手の人気順とランクは、すでに出馬表に書き込んである（手順②～③）。

そして、1番人気の⑧田辺騎手と2番人気の⑨ルメール騎手が「人気グループ」、それ以外の騎手が「穴グループ」となる（手順④）。

続いて、シルシを打っていく（手順⑤）。穴グループのなかで最上位評価のＳランクは、④川田騎手（7番人気）と⑩菅原明騎手（14番人気）の２人。人気上位騎手優先のルールに則り、川田騎手が◎、菅原明騎手が△となる。

穴グループから△が打たれるのは残り2人で、複数人いるAランク騎手のなかから、人気上位の⑬池添騎手（4番人気）と⑰レーン騎手（8番人気）が選ばれる。

人気グループの2人は、1番人気の⑧田辺騎手がAランク、2番人気の⑨ルメール騎手がSランクなので、騎手ランク上位を優先するルールに則り、後者が◯、前者が△となる。

シルシの結論

◎④川田騎手
◯⑨ルメール騎手
△⑩菅原明騎手
△⑬池添騎手
△⑰レーン騎手
△⑧田辺騎手

最後に、ルール通りに買い目を組んで馬券を購入する（手順⑥）。

買い目の結論

★3連複フォーメーション

1頭目：④⑨
2頭目：④⑥⑧⑨⑬⑰
3頭目：④⑥⑧⑨⑬⑰

★3連単フォーメーション

・パターン1

1頭目：④⑨
2頭目：④⑥⑧⑨⑬⑰
3頭目：④⑥⑧⑨⑬⑰

・パターン2

1頭目：④⑥⑧⑨⑬⑰
2頭目：④⑨
3頭目：④⑥⑧⑨⑬⑰

このレース、残念ながら◎川田騎手は6着に敗れてしまう。そして、もう1頭の中心的存在となる○ルメール騎手も勝利を手にすることはできなかった。

しかし、ここからが【勝負ジョッキー】の真骨頂。◎が不発でも、1着△⑬池添騎手、2着○⑨ルメ

東京 11R

WIN5⑤

発馬 15.40

第72回 安田伊左衛門生誕150周年記念 (指)三才上オープン・定量

安田記念 GI

	10 黄5	9 黄5	8 青4	7 青4	6 赤3	5 赤3
父	キングカメハメハ	キングマン(マ)	ハーツクライ	キズナ	トゥザグローリー(中)	キングカメハメハ
馬名	エアロロノア	(外)シュネルマイスター	イルーシヴパンサー	ファインルージュ	カラテ	ホウオウアマゾン
母	エアワンピース(マ)	セリエンホルデ(中)	イルーシヴキャット	パシオンルージュ	レディーノパンチ(中)	ヒカルアマランサス(中)
毛色	鹿毛	鹿毛	黒鹿	鹿毛	黒鹿	栗毛
斤量	58 牡5	58 牡4	58 牡4	56 牝4	58 牡6	58 牡4
騎手	幸	ルメール	田辺	替 武豊	菅原明	坂井
厩舎	笹田	手塚	久保田	木村	辻野	矢作
賞金	5200	13,200	4450	9300	7900	6200
総賞金	11,713	29,610	10,490	21,190	16,880	15,590
馬主名	ラッキーF	サンデーR	草間庸文	六井元一	小田切光	小笹芳央
牧場名	社台F	ドイツ	追分F	ノーザンF	中地康弘	ノーザンF
佐藤直		○	△	△		
小野智		○	▲	△		
久光田		○	△	△	△	
西田		○	注	◎	△	
中田		△	○			△
本紙武井	西	○	◎	注	△ 西	西
芝1200～1800	芋2041[3] 阪1316⑤ 阪1457②	芋1305① … (2)	芋2004② 東1320① 東1461①	新1117② 東1233[1] 阪1312③ 芋1582①	芋2013⑨ 三2155[7] 中1322⑤ 中1468②	阪1206② 阪1324②
上り最高	天32.6①		天33.1①	天33.4②	天33.9③	天33.7⑤
騎乗成績	1001	3101	4000	初騎乗	4214	0212
クラス実績	2005	2211	1002	2311	2214	2314
当該条件	初コース	1010	3000	0200	2012	0002
芝コース重の実績	○0000	○0000	○0001	○0000	○1002	○2000
母の父	ロックオブジブラルタル	ソルジャーホロウ	キングカメハメハ	ボストンハーバー	フレンチデピュティ	アグネスタキオン
兄弟馬	エアニューゲート	初仔	初仔	エスト	アッチムイチホイ	ギモーヴ
距離別勝利度数 大天西三	2400 1000 2100 1500	1200 0100 0100 1000	1400 0100 0000 1000	0110 0201 0100 0000	0500 1100 0100 6600	0300 0310 0010 0400

	4 黒2	3 黒2	2 白1	1 白1
父	ジャスタウェイ(中)	ポイントオブエントリー	ディープインパクト	アメリカンファラオ(中)
馬名	ダノンザキッド	(外)ロータスランド	ヴァンドギャルド	(外)カフェファラオ
母	エピックラヴ(中)	リトルミスマフェット(マ)	スキア(中)	メアリーズフォリーズ(中)
毛色	鹿毛	鹿毛	鹿毛	鹿毛
斤量	58 牡4	56 牝5	58 牡6	58 牡5
騎手	川田	替 Mデムーロ	替 岩田望	福永
厩舎	安田隆	辻野	藤原英	堀
賞金	5500	10,150	9470	16,150
総賞金	16,590	21,690	29,103	32,050
馬主名	ダノックス	小林英一HD	社台RH	西川光一
牧場名	ノーザンF	アメリカ	社台F	アメリカ
佐藤直		△		▲
小野智			△	
久光田	◎			
西田				△
中田	▲		△	
本紙武井	△ 西	西	△ 西	
芝1200～1800	芋2023③ 阪1328③ 東1475①	京1083❷ 阪1197① 新1327① 小1466⑤	芋2022⑥ 阪1325⑥ 東1455⑧	天ダ1502⑥ 天ダ1578① 東ダ1338❶ 芋1594⑨
上り最高	天33.0③	天33.2[1]	天32.7③	芋35.8⑨
騎乗成績	2023	初騎乗	1011	1000
クラス実績	2023	3204	11410	5005
当該条件	0001	0001	1003	初コース
芝コース重の実績	○0000	◎1200	◎2000	○0000
母の父	ダンシリ	スキャットダディ	モティヴェイター	モアザンレディ
兄弟馬	ミッキーブリランテ	プリファードラン	セリノーフォス	リーガルグローリー
距離別勝利度数 大天西三	2000 0000 0100 1100	1410 1111 0000 1300	1400 1000 3100 2700	1400 0000 0000 2100

	10	9	8	7	6	5	4	3	2	1	
騎手	幸	C・ルメール	田辺	武豊	菅原明	坂井	川田	M・デムーロ	岩田望	福永	←騎手
ランク	X	S	A	B	S	X	S	A	X	A	←ランク
人気	16	2	1	3	14	15	7	11	13	10	←人気
シルシ		○	△		△		◎				←シルシ

記号の説明

馬場表示

乗替り記号

	10	9	8	7	6	5
前走	2阪 3月27日 [2] 六甲 1 L 12ﾄ18頭 芝外1337 57 幸 S ⑪⑩⑦ 500 人気4 中位一気 1身 361外340 ファルコニア 1339 0.2	5阪 11月21日 ⑥ マイルCS 2 GI 3ﾄ16頭 芝外1327 56 横山武 S ⑦⑧⑧ 480 人気2 中位伸 3/4身 364中329 グランアレグリ 1326 0.1	1東 2月6日 ④ 東京新聞 1 GIII 11ﾄ15頭 天1323 56 田辺 S ⑭⑭⑬ 476 人気4 後方一気 1 3/4 362中331 ファインルージ 1326 0.3	1東 2月6日 ④ 東京新聞 2 GIII 6ﾄ15頭 天1326 55 ルメール S ⑥⑦⑧ 510 人気1 中位伸 1 3/4 354中340 イルーシヴパン 1323 0.3	2中 2月27日 ② 中山記念 2 GII 11ﾄ16頭 大内1468 56 菅原明 H ⑪⑩⑨ 534 人気4 中位伸 2 1/2 372外360 パンサラッサ 1464 0.4	1東 2月6日 ④ 東京新聞 12 GIII 13ﾄ15頭 天1338 57 坂井 S ⑤⑤⑤ 510 人気3 好位一杯 9身 353中353 イルーシヴパン 1323 1.5
前々走	2阪 4月24日 [10] マイラー 5 GII 12ﾄ15頭 芝外1340 56 幸 M ⑪⑪⑨ 500 人気5 中位差詰 4 1/4 359中352 ソウルラッシュ 1333 0.7	3月26日 ドバイターフ 8 GI 良 14頭 大左1465 57 ルメール ⑦⑦⑦ メイダン アラブ首長国 中位まま 5 1/4 ロード・バンサ 1457 0.8	4ヵ月休 放牧 乗込み4週間 仕上り◎ 連対体重 454～478 3ヵ月以上休 ①②③外 3100	2東 5月15日 ⑧ ヴィクト 2 牝GI 11ﾄ18頭 天1325 55 ルメール S ⑦⑥[6] 500 人気3 中位伸 2身 356中334 ソダシ 1322 0.3	2阪 4月24日 [10] マイラー 7 GII 4ﾄ15頭 芝外1341 56 菅原明 M ⑩⑦⑥ 530 人気2 中位まま 4 3/4 356外354 ソウルラッシュ 1333 0.8	2阪 4月24日 [10] マイラー 2 GII 7ﾄ15頭 芝外1334 56 坂井 M ③②② 508 人気1 先行伸 1/2身 349中353 ソウルラッシュ 1333 0.1

	4	3	2	1	
前走	2中 2月27日 ② 中山記念 7 GII 15ﾄ16頭 大内1478 55 川田 H ⑫⑧⑧ 522 人気1 追上一杯 8 1/4 376外372 パンサラッサ 1464 1.4	1阪 2月19日 ③ 京都牝馬 1 牝GIII 7ﾄ18頭 芝内1197 56 岩田望 S ②②② 484 人気5 先行抜出 1/2身 345中338 スカイグルーヴ 1198 0.1	12月12日 香港マイル 6 GI 良 11頭 芝右1343 57 ティータン S ⑤③② シャティン 476 香港 好位粘る 2 3/4 ゴールデンシッ 1338 0.5	1東 2月20日 ❽ フェブラ 1 GI 6ﾄ16頭 大ダ1338 57 福永 S ⑤④③ 526 人気2 好位抜出 2 1/2 351中343 テイエムサウス 1342 0.4	開催場所・月日 開催日・着順 条件・枠・頭数 距離・タイム 斤量・騎手名 ペース・通過順 馬体重・人気 戦評・馬身差 前半・上り③F ①②着時計・秒
前々走	3ヵ月余 放牧 乗込み3週間 仕上り◎ 連対体重 496～520 3ヵ月以上休 ①②③外 2002	2中京 3月27日 ❻ 高松宮 2 GI 9ﾄ18頭 芝1083 55 岩田望 M ④⑦⑧ 476 人気5 好位伸 クビ 340中343 ナランフレグ 1083 0.0	3月26日 ドバイターフ 3 GI 良 14頭 大左1457 57 バルザローナ ⑫⑫⑫ メイダン アラブ首長国 後方伸 ハナ ロード・バンサ 1457 0.0	3ヵ月半 厩舎調整 乗込み5週間 仕上り○ 連対体重 504～526 3ヵ月以上休 ①②③外 2001	開催場所・月日 開催日・着順 条件・枠・頭数 距離・タイム 斤量・騎手名 ペース・通過順 馬体重・人気 戦評・馬身差 前半・上り③F ①②着時計・秒

●2022年６月５日・東京11Ｒ安田記念（ＧⅠ、芝1600ｍ）

1着⑬ソングライン
（4番人気）
池添謙一＝A

2着⑨シュネルマイスター
（2番人気）
C・ルメール＝S

3着⑰サリオス
（8番人気）
D・レーン＝A

単⑬ 820 円
複⑬ 260 円
⑨ 210 円
⑰ 520 円
馬連⑨－⑬ 1740 円
馬単⑬→⑨ 3740 円
3連複⑨⑬⑰ 11810 円
3連単⑬→⑨→⑰ 64140 円

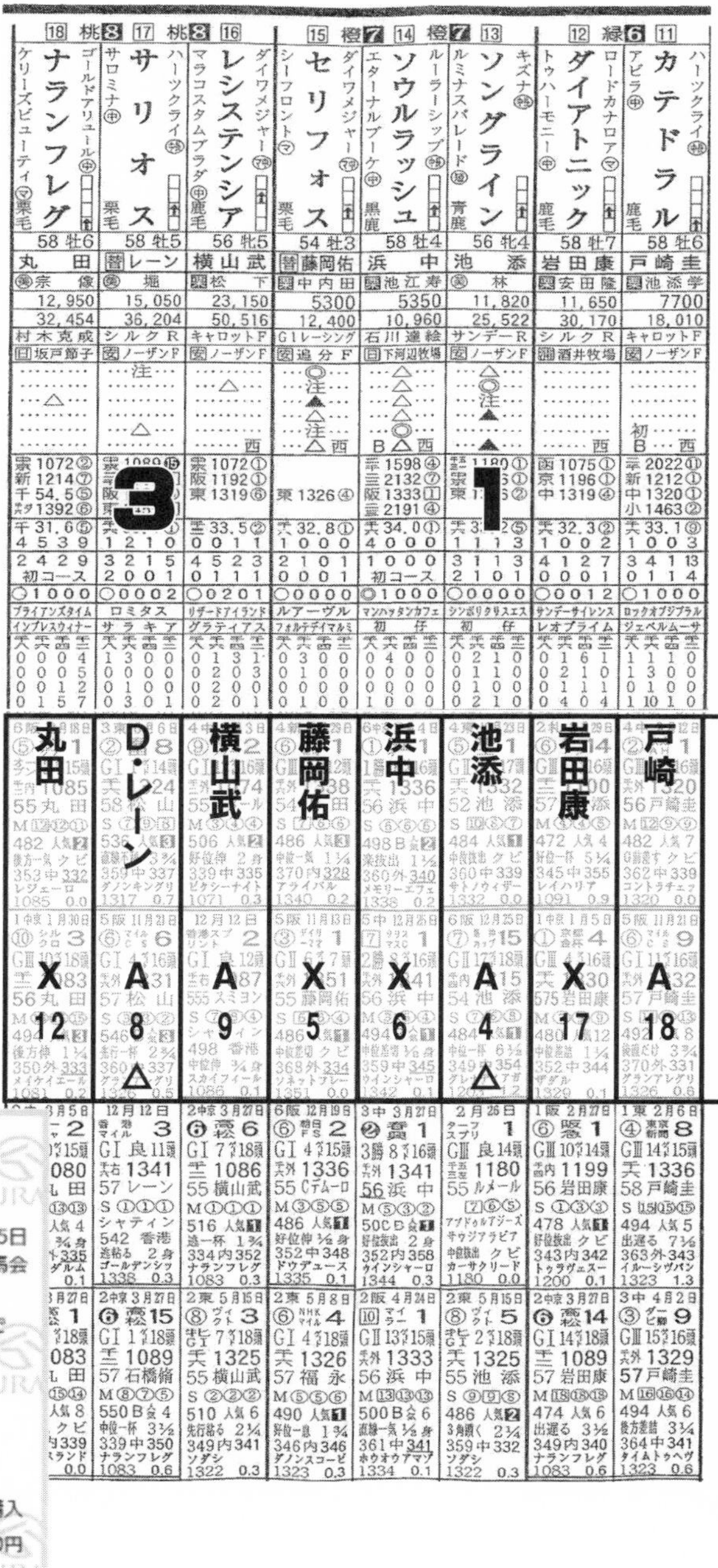

3連単
６万4140円!

万馬券的中証明書

2022年06月05日
JRA日本中央競馬会

あなたは下記の万馬券を的中させましたので
ここに証明いたします。

記

2022年　3回東京2日　11R
3連単 13→09→17　100円購入
払戻金単価　@64,140円
払戻金合計　64,140円

ール騎手、3着△⑰レーン騎手で、3連複・3連単ともに高配当馬券が的中する。
◎絡みの組み合わせしか買わなかったり、軸馬の1着固定で勝負していたりしたら、この馬券を獲ることはできない。攻めと守りを同時に仕掛けるからこそ、あと一歩の獲り逃しを防ぐことができるのだ。

若手騎手もマイナー騎手も、買い条件を満たせば迷わず勝負！
～2022年 3月12日中山8R（4歳以上1勝クラス）～

【勝負ジョッキー】は、その名のごとく騎手馬券術である。

騎手馬券術と聞くと、リーディング上位騎手を中心に、一般的に「上手い」とされている一流騎手を積極的に狙っていくスタイルをイメージするかもしれない。

もちろん、川田騎手やルメール騎手など、誰もがわかる名手を軸に据えることはある。

しかし、それだけにとどまらない。コースによっては、その舞台に特化したスペシャリスト、それも若手騎手やリーディング下位騎手などの地味なジョッキーで勝負することもある。「この騎手で大丈夫かな……」というためらいは不要。逆に「名前で売れないぶん妙味がある」とポジティブに考えたほうがいい。シルシが回っていれば、自信を持って勝負するのみだ。

２０２２年3月12日の中山８Ｒ（Ｐ46～47）では、舞台となる中山ダ１２００ｍをめっぽう得意とする若手騎手が、世間的にはアンビリーバブルな（【勝負ジョッキー】的には当然の）一撃を決めてくれた。

このレースが行なわれた中山ダ１２００ｍの騎手ランク表（２０２２年度版）は左ページの通り（手

表３●中山ダ1200mの騎手ランク表（2022年度版）

順位	騎手名	ランク
1	C.ルメール	S
2	田辺裕信	S
3	横山琉人	S(減)
4	三浦皇成	S
5	横山典弘	A
6	戸崎圭太	A
7	石橋脩	A
8	丸山元気	A
9	小林凌大	A(減)
10	M.デムーロ	A
11	横山武史	A
12	武藤雅	A
13	津村明秀	A
14	江田照男	A
15	菅原明良	A
16	川田将雅	A
17	松山弘平	A
18	石川裕紀人	B
19	宮崎北斗	B
20	北村宏司	B
21	柴田大知	B
22	斎藤新	B
	ランク外	X

※横山琉人（減）は平場の減量時はSランク（減量なしのレースは1ランク下げてAランク）
※小林凌大（減）は平場の減量時はAランク（減量なしのレースは1ランク下げてBランク）
→詳細は第2章で解説

順①）。騎手の人気順とランクは、すでに出馬表に書き込んである（手順②〜③）。

中山ダ１２００ｍの騎手ランクの注意点は、横山琉騎手のランクがＳ（減）になっていること。（減）の表示は、平場のレースに若手騎手や女性騎手が出走して斤量減になる場合に、Ｓランクとして扱うことを意味する（減量にならないレースは1ランク評価を下げてＡランク）。斤量減になる場合、新聞の騎手名の横に減量のマークが付くので、すぐにわかるはずだ。

なお、このレースは平場の1勝クラスで横山琉騎手は斤量３キロ減となるため、そのままＳランクの評価となる。

そして、1番人気の⑧杉原騎手と2番人気の⑬団野騎手が「人気グループ」、それ以外の騎手が「穴グループ」となる（手順④）。

続いて、シルシを打っていく（手順⑤）。穴グループのなかで最上位評価のＳランクは、⑩横山琉騎手（15番人気）ただ1人。よって、横山琉騎手が◎となる。リーディング下位の若手騎手であっても、

16頭立てのブービー人気でも、うろたえなくていい。【勝負ジョッキー】でSランクに評価された騎手の信頼度は絶大。進むべき道は「自信を持って買う」の一択だ。

穴グループから△が打たれるのは3人。複数人いるAランク騎手のなかから、人気上位の⑫戸崎騎手（3番人気）、②江田照騎手（4番人気）、⑤菅原明騎手（9番人気）が△に選ばれる。

人気グループの2人は、1番人気の⑧杉原騎手、2番人気の⑬団野騎手がともにXランクなので、人気上騎手優先のルールに則り、前者が○、後者が△となる。

シルシの結論

◎⑩横山琉騎手
○⑧杉原騎手
△⑫戸崎騎手
△②江田照騎手
△⑤菅原明騎手
△⑬団野騎手

最後に、ルール通りに買い目を組んで馬券を購入する（手順⑥）。

買い目の結論

★3連複フォーメーション

1頭目：⑧⑩

2頭目：②⑤⑧⑩⑫⑬

3頭目：②⑤⑧⑩⑫⑬

★3連単フォーメーション

・パターン1

1頭目：⑧⑩

2頭目：②⑤⑧⑩⑫⑬

3頭目：②⑤⑧⑩⑫⑬

・パターン2

1頭目：②⑤⑧⑩⑫⑬

2頭目：⑧⑩

3頭目：②⑤⑧⑩⑫⑬

「競馬はなにが起こるかわからない」とは、よくいったもので、◎⑩横山琉騎手が鞍上を務める16頭立て15番人気のエレファンティネは、好スタートから2番手を追走し、直線で抜け出して2着に1馬身1／4差をつける快勝劇を演じた。こんなシーンが展開されることを想像していたファンは、おそらく

中山 8

発馬 14.00

四歳以上1勝クラス 牝 定量

枠・馬番	白1 1	白1 2	黒2 3	黒2 4	赤3 5	赤3 6	青4 7	青4 8	5 9
父	アジアエクスプレス	キンシャサノキセキ	キズナ	ヴァンセンヌ	ノヴェリスト	プリサイスエンド	カルストンライトオ	キズナ	ヘニーハウンド
馬名	フェスティヴノンノ	㊞クローリスノキセキ	㊞ダイシンユノ	㊞コパノセイバー	キャンディキューブ	ヤンチャプリヒメ	㊞マリノリヴィエール	タイガーリリー	サンマルセレッソ
母	フェスティヴキティ	レディクローリス	ダイシンパーティー	エロイナ	ワイキューブ	ノートルアンジュ	クラウンリバー	ケイエスホノカ	トウカイセレッソ
毛色	栗毛	鹿毛	黒鹿	鹿毛	黒鹿	鹿毛	黒鹿	鹿毛	鹿毛
斤量・性齢	53 牝4	55 牝4	55 牝5	55 牝4	55 牝4	55 牝6	55 牝6	55 牝4	55 牝4
騎手	替 △永野	替 江田照	嶋田	替 津村	替 菅原明	替 丹内	丸田	杉原	替 田中勝
厩舎	美 天間	美 西田	美 戸田	美 深山	美 大和田	美 浅野	美 本間	美 尾関	美 中野栄
	400	300	180	50	400	400	220	400	400
	971	1373	231	114	586	2423	688	2040	653
馬主	白井義太郎	嶋田賢	大八木信行	小林照弘	原禮子	田頭勇貴	矢野まり子	ミルF	相馬勇
生産	新 細川農場	ひ 岡田牧場	日 中原牧場	新 上井農場	ひ 岡田S	浦 桑田F	日 クラウン日高牧場	日 高柳隆男	平 びらとり牧場
佐藤直文	▲	○			△	△		△	△
小野智美	注	△				△		▲	
久光匡治	△	◎		注	△			○	
西田美佐子	◎	△				△		○	
中田博士	△					△		○	
本紙武井	△	○			△	△		▲	
ダ1000	芝1389⑥	①(3)	門ダ1011❷	芝1520⑦	1094⑦	函ダ59.3④	1094⑥		札ダ59.8⑦
ダ1200	中ダ1110❹	中ダ⑥	門ダ1146❸	門ダ1137❸	新ダ1117⑤	中ダ1111❾	中ダ1118④	中芝1079②	新ダ1120⑫
ダ1400	ダ1267⑭	東⑥	姫ダ1337⑤	笠ダ1315①	東ダ1271⑬	東ダ1238❹	東ダ1265⑫	東芝1217③	東ダ1266⑭
ダ1600	東ダ1390❻	芝1101②	1199③	芝2025⑤	中芝1395⑮	ダ1479⑧	ダ1191❼	新芝1373⑪	1099⑪
←騎手	△ 永野	江田照	嶋田	津村	菅原明	丹内	丸田	杉原	田中勝
前々々走	4中 19日 ④ 4 1勝 15頭 ダ 10 50 永野 H ⑪⑩⑩ 464 人気11 後方追上 2¼ 342外368 エバーサニーハ 1106 0.4	1函 11日 ④ 7 16頭 04 52 菱田 S ⑨⑨⑩ 440 人気6 中位差詰 4¼ 357中347 カバーガール 1098 0.6	園田 17日 ⑤ 5 C1 12頭 1213 53 木本直 M ①①① 447 人気4 逃一息 3½ 内403 ニコシーナ 1206 0.7	門別 20日 5 3 C4 11 12頭 ダ1137 54 黒沢愛 H ④③② 514 人気3 好位粘る 1身 359中378 ジランドール 1135 0.2	1福 3日 1 7 1勝 16頭 94 49 原 H ⑩⑨⑦ 454 人気8 中位まま 7¾ 347中377 ココラ 1082 1.2	4新 15日 ❷ 11 1勝 6 15頭 ダ1124 55 柴田大 H ⑭⑫⑨ 436 人気11 脚余す 10身 348内376 トリプルシック 1108 1.6	4中 11日 ① 10 1勝 16頭 ダ1124 55 丸田 H ⑯⑯⑭ 462 人気12 後直だけ 5¾ 353中371 シャドウヘリテ 1114 1.0	3東 19日 5 7 1勝 16頭 1221 52 杉原 S ⑭⑭⑫ 460 人気7 出遅る 3¾ 364内345 レガトゥス 1215 0.6	1札 19日 ③ 7 1勝 12頭 ダ 8 50 山田 M ⑩⑨⑦ 430 人気6 後方差詰 4¾ 360中357 ワルツフォーラ 590 0.8
←ランク	X	A	X	A	A	X	X	X	X
←人気	8	4	12	13	9	11	14	1	10
←シルシ		△			△			○	
前々走	4中 10月2日 8 2 1勝 15頭 ダ 16 50 永野 M ⑧ ⑤ 462 人気7 好位伸 ½身 355中361 ニシノライトニ 1115 0.1	1函 7月25日 ⑧ 8 1勝 11頭 04 52 野 M ⑥⑤⑤ 446 人気5 出遅る 5身 347 357 クインズセージ 1095 0.9	園田 8月6日 ③ 3 C2 11頭 99 53 木本直 M ② ① 444 人気3 先行粘る 1¾ 中394 ユキネエ 1196 0.3	門別 11月3日 ❺ 6 C4 2 12頭 ダ 44 54 黒沢愛 H ⑩ ⑨ 510 人気3 出遅る 6¼ 369内375 ビービーキング 1132 1.2	5新 10月10日 ② 5 1勝 11 13頭 ダ 17 50 原 M ⑤⑦⑦ 464 人気10 中位差詰 2¼ 347 370 ハギノオーロ 1113 0.4	4中 9月12日 ② 13 1勝 12 13頭 ダ2011 55 内田博 S ① ⑫ 450 人気12 後方まま 大差 381中444 ツウカイヴィー 1530 8.1	4中 10月2日 8 12 1勝 15頭 ダ 30 55 丸田 M ⑮ ⑮ 468 人気12 出遅る 9身 371外359 ニシノライトニ 1115 1.5	4新 8月28日 ⑤ 3 1勝 15 18頭 内 17 52 杉原 M ④⑤⑤ 460 人気6 好位伸 1身 347中352 タイキスウォー 1216 0.1	4新 9月4日 7 12 1勝 14 15頭 ダ 20 51 藤田菜 M ⑧ ⑧ 428 人気4 中位一杯 7¾ 348外372 ビッグエレナ 1106 1.4
前走(1)	5新 10月31日 ⑧ 11 1勝 8 15頭 ダ1124 50 小林脩 H ⑭⑬⑬ 450 人気9 後直だけ 6¼ 354内370 エーアイダンサ 1113 1.1	1函 8月8日 ⑫ 8 1勝 16 16頭 1102 52 戸崎圭 H ⑪⑪⑨ 446 人気5 後方差詰 4¼ 346内356 ブロンズレッド 1095 0.7	園田 9月16日 ② 1 C2 10 12頭 1208 53 木本直 M ①①① 447 人気1 逃切る クビ 中399 マロンドクイー 1208 0.0	笠松 11月25日 ③ 1 C17 3 7頭 ダ1315 54 丸野勝 S ④②① 512 人気1 4角先頭 6身 390内393 カシマエンペラ 1328 1.3	5新 10月31日 ⑧ 14 1勝 4 15頭 ダ1125 50 原 H ⑪⑩⑪ 458 人気13 後方まま 6¾ 351中374 エーアイダンサ 1113 1.2	6中京 12月4日 ① 5 1勝 4 16頭 ダ1128 52 小林凌大 M ⑨⑩⑩ 446 人気15 中位差詰 3¼ 359中369 アイアムイチオ 1123 0.5	4東 10月24日 ⑥ 12 1勝 2 16頭 ダ1265 55 丸田 M ⑮⑯⑮ 466 人気15 後方まま 8½ 375中371 マイナーズライ 1251 1.4	4中 9月11日 ① 2 2勝 8 10頭 外1079 53 杉原 S ③④③ 464 人気6 好位伸 クビ 346中333 スティクス 1079 0.0	2福 11月21日 ⑥ 11 1勝 13 16頭 ダ1099 53 秋山稔 M ⑬⑬⑮ 426 人気13 出遅る 7¼ 360外368 マヒオレ 1087 1.2
前走(2)	5中 12月18日 5 11 1勝 5 16頭 ダ1125 54 江田照 H ⑬⑫⑫ 466 人気10 後方まま 9身 347内378 フォックススリ 1110 1.5	1中 1月15日 ⑤ 6 1勝 5 16頭 ダ1121 54 戸崎圭 H ④③③ 454 人気6 好位一杯 3¼ 343内378 マイヨアポア 1116 0.5	6中京 12月12日 ④ 16 1勝 1 16頭 1366 55 嶋田 S ①①① 436 人気15 逃一杯 16身 357内374 ディヴィーナ 1340 2.6	3ヵ月半 中央再転入 乗込み4週間 仕上り○ 連対体重 504～512 3ヵ月以上休 ①②③外 0 0 0 2	1中 1月9日 ③ 10 1勝 15 16頭 ダ1129 54 北村宏 M ⑩⑧⑨ 472 人気11 中位まま 5¾ 353外376 ロレンツォ 1119 1.0	6中京 12月18日 ❺ 7 1勝 13 16頭 ダ1117 52 小林凌大 M ⑩⑩⑨ 444 人気11 中位差詰 4¾ 350外367 アシタバ 1109 0.8	4ヵ月半 放牧 乗込み5週間 仕上り○ 連対体重 464～470 3ヵ月以上休 ①②③外 0 0 0 3	6ヵ月休 爪不安放牧 乗込み2週間 仕上り○ 連対体重 444～464 3ヵ月以上休 ①②③外 1 0 0 1	6中京 12月12日 ④ 6 1勝 8 16頭 ダ1128 53 亀田 H ⑬⑬⑬ 418 人気14 後方追上 4¾ 361内367 ルビナステソー 1120 0.8

レコード 1.08.5 ヴィーナス 54川須

中山 8R

1-1	15.9
1-2	37.9
1-3	27.6
1-4	8.6
1-5	45.6
1-6	9.1
1-7	9.6
2-2	☆
2-5	☆
2-6	43.8
3-3	☆
3-4	30.3
3-5	☆
3-6	31.9
3-7	33.8
3-8	53.9
4-4	☆
4-5	50.0
4-6	10.0
4-7	10.5
4-8	16.9
5-5	☆
5-6	52.7
5-7	55.8
5-8	88.9
6-6	49.9
6-7	11.1
6-8	17.8
7-7	☆
7-8	18.8
8-8	☆

軸馬 13
単穴 16
連 11 2 8

●2022年３月12日・中山８R（４歳上１勝クラス、ダ1200m）

1着⑩エレファンティネ
（15 番人気）
横山琉人＝S
2着⑬レコレータ
（2番人気）
団野大成＝ X
3着②クローリスノキセキ
（4番人気）
江田照男＝A

単⑩ 25220 円
複⑩ 4880 円
⑬ 180 円
② 260 円
馬連⑩－⑬ 50530 円
馬単⑩→⑬ 132200 円
3連複②⑩⑬ 129820 円
3連単⑩→⑬→② 1447500 円

10 黄	11	12 緑6	13	14 橙7	15	16 桃8
アメリカンファラオ(中)	エピファネイア(万)	スウェプトオーヴァーボード(マ)	ハーツクライ(万)	ヘニーヒューズ(短)	ワールドエース(マ中)	オルフェーヴル(万)
エレファンティネ	ヤマニンエルモサ	シャドウファックス	レコレータ	ネオトリニティー	ジェラペッシュ	ミヤコノアカリ
スウィーティーガール(マ) 栗毛	ヤマニンカルフール(短) 鹿毛	アルマフローラ(万) 芦毛	エヴィータアルゼンティーナ(短) 栗毛	ニシノフジムスメ(中) 鹿毛	ビーチフィズ(マ) 鹿毛	エビスオール(短) 鹿毛
52 牝4	55 牝5	55 牝4	55 牝4	55 牝4	55 牝5	52 牝4
替 ▲横山琉	伊藤工	替 戸崎圭	替 団野	内田博	替 吉田豊	替 ▲佐々木
美 斎藤誠	美 辻	美 宮田	美 中舘	美 小手川	美 南田	美 加藤征
400	400	400	400	400	400	400
510	700	801	1847	1001	1680	1017
下河辺隆行	土井肇	飯塚知一	サンデーR	フィールドR	柴田洋一	吉田都枝江
下河辺牧場	錦岡牧場	社台F	白老F	村上欽哉	鎌田正嗣	恵比寿牧場
…… …… …… …… …… ……	…注… …… …… …△… …△… …△…	…◎… …◎… …△… …注… …◎… …△…	…… …○… …▲… …▲… …▲… …◎…	…… …… …… …… …… ……	…… …… …… …… 再注… B……	…△… …△… …△… …△… …△… …注…
札ダ [illegible]01 ① 千ダ [illegible]04 15 大ダ [illegible]86 ⑬ 1	千芝 1104 ⑯ 中ダ 1128 ⑥ 東ダ 1391 ⑬ 大ダ 1558 ⑫	千芝 1127 ⑭ 中ダ 1130 ⑦ 東芝 1230 ⑤ 東芝 1355 ⑦	[illegible] ③ [illegible] [illegible] ④ [illegible] 2 2	小ダ 1002 7 中ダ 1119 ⑦ 東ダ 1246 ③ 千ダ 1083 ①	千芝 1079 ⑬ 中ダ 1129 ⑦ 東ダ 1265 ⑪ 東ダ 1397 ⑬	千ダ 1089 3 中ダ 1122 9 東ダ 1246 ⑤
1札 [illegible]月12日 ① 1 未勝 [illegible] 12頭 千ダ [illegible]01 54 [illegible]駿 M②②③ 430 人気11 好位差切 1¼ 353中364 ファイヤービー 1003 0.2 ▲横山琉	1新 [illegible]月10日 ① 12 1勝 [illegible] 13頭 大ダ [illegible]58 55 津村 M⑤⑤⑥ 472 人気12 好位バテ 大差 367内418 フィアレスハー 1523 3.5 伊藤工	1中 [illegible]1月 ④ 9 牝G3 10ト16頭 芝外 1355 54 大野 M②②② 446 人気4 先行一杯 7身 360中367 ファインルージ 1344 1.1 戸崎	2札 [illegible]月14日 ① 3 1勝 [illegible] 16頭 千 1095 52 池添 M④⑤④ 486 人気1 好位伸 1身 344中351 ディキシークイ 1093 0.2 団野	1福 [illegible]月11日 ④ 1 未勝 [illegible] 16頭 千ダ 1083 54 内田博 M②②② 430 人気1 先行競勝 ½身 348中365 タマモアンドロ 1084 0.1 内田	2札 [illegible]月21日 ③ 13 1勝 [illegible] 13頭 芝 [illegible]09 55 [illegible] S⑫⑫⑬ 446 人気10 後方まま 9¾ 381外348 アルママ 1293 1.6 吉田豊	1福 [illegible]月3日 1 3 1勝 [illegible] 16頭 千ダ [illegible]89 49 [illegible]野 H⑦⑧⑥ 432 人気4 好位伸 4身 345中375 ココラ 1082 0.7 ▲佐々木
1函 7月3日 ① 三歳上 12 1勝 6ト12頭 千ダ [illegible]09 51 斎藤 H [illegible] ⑩ 432 人気8 中位一杯 9½ 35[illegible] [illegible]73 マリ[illegible]ンブレ 592 1.7 S 15 ◎	川崎 9月15日 ⑥ Sスター 13 交流B2 10ト13頭 千ダ [illegible]91 55 今野忠 H [illegible] ⑧ 477 人気13 追上一杯 12身 386中422 ビクトリーシュ 1367 2.4 X 6	1東 21年2月 ③ [illegible] 5 牝1勝 10ト16頭 芝 [illegible]30 54 北村宏 S⑥⑦⑧ 442 人気5 中位差詰 5¾ 369 [illegible]339 アヴェラーレ 1221 0.9 A 3 △	2札 9月5日 8 三歳上 3 1勝 15ト16頭 千 [illegible]06 53 団野 S⑤[illegible]③ 486 人気1 好位伸 2½ 355 [illegible]351 カシ[illegible]フォワー 1102 0.4 X 2 △	4中 9月26日 ⑦ 三歳上 7 1勝 9ト16頭 千ダ [illegible]19 53 内田博 H⑨⑨⑦ 424 人気7 中位差詰 3¼ 342中377 ボイラーハウス 1114 0.5 X 7	2札 8月29日 ⑥ 三歳上 12 1勝 2ト13頭 芝 [illegible]02 52 小林凌大 S [illegible] ⑫ 450 B 人気11 後方まま 11¼ 365内362 マルカエイペッ 1283 1.9 X 16	4中 9月11日 1 三歳上 11 牝1勝 13ト16頭 千ダ [illegible]26 50 永野 H⑨[illegible]⑦ 436 人気1 外々回る 8¼ 343外383 クロノフルール 1111 1.5 X 5
2福 11月13日 3 三歳上 15 牝1勝 1ト16頭 千ダ 1104 54 斎藤 M⑫⑪⑪ 428 人気14 出遅る 7¾ 356内379 ステラータ 1091 1.3	6中京 12月5日 ② 三歳上 6 1勝 7ト16頭 千ダ 1133 55 伊藤工 M⑨⑪⑪ 488 人気12 中位まま 2¼ 368内365 ミキノバスドラ 1130 0.3	2中 3月14日 ⑥ [illegible] 14 1勝 6ト15頭 芝外 1127 54 戸崎圭 M⑪⑪⑪ 446 人気2 後方まま 7½ 358中369 ユキノファラオ 1115 1.2	6中京 12月4日 ① 三歳上 10 1勝 7ト18頭 芝 1218 54 荻野極 M⑥⑤③ 486 人気6 好位一杯 3¼ 343中360 スーパーホープ 1212 0.6	2福 11月14日 ④ 三歳上 11 1勝 1ト16頭 千ダ 1097 54 内田博 H④①① 426 人気4 逃一杯 4¼ 344内382 テオドラ 1090 0.7	2福 11月21日 ⑥ 三歳上 13 牝1勝 4ト16頭 芝 1511 52 小林凌大 S⑬⑬⑬ 448 人気14 出遅る 5¾ 388中356 セナリスト 1501 1.0	5中 12月18日 5 三歳上 9 1勝 10ト16頭 千ダ 1122 54 ルメール H③②③ 442 人気2 好位一杯 7¼ 334中388 フォックススリ 1110 1.2
4ヵ月休 放牧 乗込み2週間 仕上り○ 連対体重 430キロ 3ヵ月以上休 ①②③外 0 0 0 2	1中 1月16日 ⑥ 四歳上 6 1勝 8ト16頭 千ダ 1128 55 伊藤工 M⑭⑭⑭ 486 人気11 後直だけ 2¾ 358外370 ロードミッドナ 1124 0.4	1中 1月16日 ⑥ 四歳上 7 1勝 15ト16頭 千ダ 1130 54 菅原明 M⑨⑧⑧ 462 人気3 中位まま 3½ 353中377 ロードミッドナ 1124 0.6	3ヵ月余 放牧 乗込み3週間 仕上り○ 連対体重 470～488 3ヵ月以上休 ①②③外 0 1 0 1	1中 1月15日 ⑤ 四歳上 12 牝1勝 2ト16頭 千ダ 1132 54 内田博 H⑥⑤⑥ 430 人気7 出遅る 10身 346内386 マイヨアポア 1116 1.6	3ヵ月半 放牧 乗込み4週間 仕上り○ 連対体重 442～452 3ヵ月以上休 ①②③外 0 1 0 2	1東 2月20日 ⑧ 四歳上 5 1勝 16ト16頭 千ダ 1246 52 横山琉 S②②② 440 人気8 先行一息 5½ 355中367 アルマドラード 1236 1.0

皆無に近かっただろう。

横山琉騎手から買っていた私とて、さすがにここまで強い競馬をするとは思っていなかったが、馬券圏内に激走する可能性はおおいにあると信じ、レースを見守っていた。それが最高の結果で終わってくれたので、大変満足しているし、横山琉騎手にも感謝している。

2着は△⑬団野騎手、3着は△②江田照騎手で、3連単１４４万馬券が的中。【勝負ジョッキー】ならば、超人気薄の若手騎手から入って、こんな大荒れレースをもモノにできるのだ（このレースも馬券の扱いは〝大人の事情〟を優先）。


なお、この的中例の1年後となる２０２３年3月5日（日）の中山12R（ダ１２００ｍ）で、2勝クラスのレースが施行。最新版（２０２３年版）の騎手ランクでも横山琉騎手はSランクを継続しており、私は直前予想でセイカフォルゴーレに騎乗する同騎手（3番人気）を本命◎に推奨した。

その結果、横山琉騎手の騎乗馬は3角2番手から、ゴール前でルメール騎手騎乗の1番人気馬（対抗○評価）をキッチリ交わして勝利を収めた。

このように、1番人気のルメール騎手より、横山琉騎手のほうを上位の本命◎に推奨できるのが【勝負ジョッキー】の強みであり、高配当を狙える理由でもある。

騎手ランクは再現性を重視するため、過去の大穴一発で高評価にするわけではなく、穴馬でも人気馬でもキッチリ仕事ができる騎手を高く評価するようにしている。ほかのコースでは◎にしづらい横山琉騎手でも、中山ダ１２００ｍなら自信を持って◎に推奨できるのだ。

最新年度版の検証レースでいきなり12万馬券が大的中！
～２０２３年　ダイヤモンドS～

馬券術【勝負ジョッキー】のキモとなる騎手ランク表は、直近3年の1月1日から12月31日までに行なわれたレースをもとに作成される。年が明けた1月から新年度版の騎手ランク表の作成を開始し、２月中旬に全コース分が出揃い、３月１日から運用する、というのが毎年の流れ。本書に掲載されている各コースの騎手ランク表は、２０２０年1月1日から２０２２年12月31日の3年間に行なわれたレースが対象となっている。

今年（２０２３年）も2月15日ごろに新たな騎手ランク表が完成。単行本の刊行が決まっていたため例年よりもスケジュールを早め、検証もかねて完成直後の週末から運用することを試みた。

原稿の締切から逆算すると、最新年度版の騎手ランク表を使っての的中例を掲載するためには、２月後半から3月前半のわずかな期間しかチャンスはない。仮にここでインパクトのある馬券が獲れなかったとしても、馬券術の価値が低下することはないのだが、「できれば挨拶代わりの一撃が欲しい」と願う著者心理もご理解いただけるだろう。

するとなんと、検証初日の2月18日（土）に、しかも重賞で、大きな配当をしとめることに成功した。それがこの、ダイヤモンドＳ（Ｐ52～53）における3連単12万馬券である。

これにより、２０２３年版も自信を持ってオススメできる完成度に到達したことが証明された。

また、このレースは御池善太郎サイトで公開した勝負予想でもあったので、当時連載中だった雑誌『競馬の天才！』の読者からの反響も絶大だった。

このレースが行なわれた東京芝３４００ｍ（２３００ｍ以上）の騎手ランク表（２０２３年度版）は右の通り（手順①）。騎手の人気順とランクは、すでに出馬表に書き込んである（手順②〜③）。

そして、1番人気の②ルメール騎手と2番人気の④西村淳騎手が「人気グループ」、それ以外の騎手が「穴グループ」となる（手順④）。

続いて、シルシを打っていく（手順⑤）。穴グループのなかで最上位評価のSランクは、⑤田辺騎手（13番人気）ただ1人。よって、田辺騎手がすんなり◎となる。

このあと、穴グループから3人に△を打つわけだが、Sランクに次ぐAランク騎手は3人しかいないので、自動的に⑫横山武騎手（4番人気）、⑨戸崎騎手（7番人気）、⑬三浦騎手（8番人気）が△に選ばれる。

人気グループの2人は、1番人気の①ルメール騎手がSランク、2番人気の④西村淳騎手がXランクなので、騎手ランク上位を優先するルールに則り、前者が〇、後者が△となる。

表４●東京芝2300m以上の騎手ランク表（2023年度版）

順位	騎手名	ランク
1	D.レーン	S
2	C.ルメール	S
3	M.デムーロ	S
4	田辺裕信	S
5	川田将雅	A
6	R.ムーア	A
7	戸崎圭太	A
8	吉田豊	A
9	津村明秀	A
10	三浦皇成	A
11	池添謙一	A
12	T.マーカンド	A
13	吉田隼人	A
14	武豊	A
15	柴田善臣	A
16	横山武史	A
17	菅原明良	A
18	和田竜二	A
19	野中悠太郎	B
20	石橋脩	B
21	大野拓弥	B
22	横山和生	B
23	松岡正海	B
	ランク外	X

シルシの結論

◎⑤田辺騎手
○②ルメール騎手
△⑫横山武騎手
△⑨戸崎騎手
△⑬三浦騎手
△④西村淳騎手

最後に、ルール通りに買い目を組んで馬券を購入する（手順⑥）。

買い目の結論

★3連複フォーメーション

1頭目：②⑤
2頭目：②④⑤⑨⑫⑬
3頭目：②④⑤⑨⑫⑬

★3連単フォーメーション

・パターン1

東京 11R

発馬 15.45

第73回 ダイヤモンドステークス (GⅢ)

㊅四才上 オープン・ハンデ

	1	2	3	4	5	6	7	8	9
枠	白1	白1	黒2	黒2	赤3	赤3	青4	青4	5
父	ディープインパクト	トーセンジョーダン	ハーツクライ	オルフェーヴル	オルフェーヴル	キズナ	キングカメハメハ	ディープインパクト	ゴールドシップ
馬名	キスラー	シルブロン	トラストケンシン	ミクソロジー	ヒュミドール	アスクワイルドモア	カウディーリョ	レクセランス	ヴェローチェオロ
母・実績	シャンバンドーロ 米	グレイシアブルー 3勝	アフェランドラ 1勝	スターエンジェル 公	アヴェクトワ 未勝	ラセレシオン 3勝	ディアデラノビア 5勝	エクセレンスⅡ 仏	プレシャスライフ 公
毛色・斤量	青鹿 54 牡7	鹿 55 牡5	鹿 54 牡8	栗 56 牡4	鹿 56 騸7	黒鹿 56 牡4	黒鹿 56 牡7	鹿 56 牡6	栗 56 牡5
騎手	内田博	ルメール	丸田	西村淳	田辺	田中勝	大野	バシュロ	戸崎圭
厩舎	池江寿	稲垣	高橋文	辻野	小手川	藤原英	堀	池添学	須貝尚
賞金	2400	2400	2400	2700	4000	3700	3600	2100	2400
総賞金	7050	6077	9004	5648	10,655	8190	8810	6490	7840
馬主名	キーファーズ	シルクR	菅波立知子	江馬由将	サンライズ	廣崎利洋HD	キャロットF	シルクR	大野照旺
牧場名	社台F	坂東牧場	村上欽哉	タバタF	宮内牧場	社台F	ノーザンF	ノーザンF	千代田牧場
印	西	◎△○▲○	△△◎△	○○△○○注 西	▲	△△△▲ 西		▲注△注△△ 西	▲△ 西
2000	京2036④	中2022⑪	東1589⑪	京1593③	福1588⑤	京2007④	小1599①	京2016⑥	新1595①
2400	阪2299④		東2250⑤	新①	⑩	東2240⑫	東2259④	東2257⑮	東2272④
3200	三2148⑥		三2128⑦	❶	5	三2095①	芝3047⑦	芝3039④	芝3203⑦
3400	兵2457⑤		三2318⑤	①	⑤	芝3042⑨	東3322⑭	東3314⑨	東3307⑤
上り最高	天34.2①	天33.5④	32.7⑨	天34.1⑥	天33.4①	三35.0⑩	天33.0⑦	三33.4③	三33.5③
騎乗成績	初騎乗	2000	0002	3001	0002	初騎乗	1101	初騎乗	1001
クラス実績	0003	0000	0 0 0 12	1000	0 2 0 12	1106	1 1 0 11	1 1 1 10	0016
当該条件	初コース	初コース	初コース	初コース	0001	初コース	0001	0001	0001
←騎手	内田	C・ルメール	丸田	西村淳	田辺	田中勝	大野	T・バシュロ	戸崎
←ランク	X	S	X	X	S	X	B	X	A
←人気	16	1	12	2	13	9	14	5	7
←シルシ		○		△	◎				△
前々走	4東 10月23日 ⑦ ブラジル 8 L 8ﾄ15頭 ミダ2111 53石川 S ⑫⑭⑭ 480 人気8 後脚だけ 7身 384中362 ウシュバテソー 2100 1.1	4東 10月30日 ⑨ 1 2勝5ﾄ11頭 二四2247 57ルメール S ⑤⑤④ 492 人気4 好位差切 ½身 377中336 エイシンマッケ 2247 0.0	4東 10月16日 ⑤ オクトーバー 11 L 5ﾄ16頭 芝1589 56丸田 M ⑫⑬⑪ 468 人気8 前塞る 4½ 376内347 ゴールドスミス 1581 0.8	5阪 11月13日 ❹ 1 2勝2ﾄ14頭 三内2150 55ムーア H ⑦⑨⑧ 434 人気1 中位抜出 3身 361中362 ダークエクリプ 2155 0.5	5阪 11月19日 ⑤ アンドロ 10 L 10ﾄ11頭 芝内2010 56 幸 S ⑦⑧⑥ 462 人気8 後方まま 9½ 377外363 マテンロウレオ 1593 1.7	4阪 10月23日 ⑦ 菊花 9 GⅠ 7ﾄ18頭 芝外3042 57岩田望 H ⑭⑭⑮ 472 人気14 出遅る 10¾ 367中376 アスクビクター 3024 1.8	1東 2月19日 ⑦ ダイヤモ 14 GⅢ 11ﾄ14頭 3322 56Mデムーロ S ⑥⑥⑥ 456 人気9 中位一杯 12½ 381中366 テーオーロイヤ 3301 2.1	4東 10月23日 ⑦ ブラジル 13 L 1ﾄ15頭 ミダ2128 55三浦 S ⑮⑮⑭ 484 人気12 後方まま 16½ 393中378 ウシュバテソー 2100 2.8	3月26日 ドバイゴールドC 7 GⅡ 良 13頭 3203 55 Mデムーロ ④③② メイダン アラブ首長国 好位一杯 4½ スティフーリッ 3196 0.7
前走	1中京 2月4日 ⑪ アルデバ 12 オープン 5ﾄ16頭 芝ダ2012 57 鮫島駿 S ⑯⑯⑯ 486 人気6 後方まま 8¾ 400中366 メイショウフン 1597 1.5	5中 12月24日 ⑦ グレイト 1 3勝13ﾄ16頭 芝内2338 55ルメール S ⑪⑩⑦ 500 人気4 中位差切 ¾身 383外357 ヴェローナシチ 2339 0.1	5東 11月27日 ⑧ ジャパン 13 GⅠ 4ﾄ18頭 二四2250 57丸田 S ⑩⑫⑭ 474 人気18 直線不利 8身 372内348 ヴェラアズール 2237 1.3	1中京 1月5日 ① 万葉 1 オープン 15ﾄ16頭 芝 3034 53西村淳 M ⑥⑤④ 436 人気1 楽抜出 2身 370中369 タイセイモナー 3037 0.3	1中 1月5日 ① 中山金杯 13 GⅢ 9ﾄ17頭 芝内2012 56田辺 S ⑯⑮⑮ 464 人気16 後方まま 6身 380外357 ラーグルフ 2002 1.0	6中京 12月10日 ③ 中日新聞 18 GⅢ 18ﾄ18頭 芝2009 55岩田望 S ③③④ 484B 人気11 好位一杯 8¾ 377中361 キラーアビリテ 1594 1.5	5中 12月3日 ① ステイヤ 12 GⅡ 11ﾄ14頭 三内3481 56田辺 S ④⑤⑥ 458 人気10 好位一杯 11¼ 399中375 シルヴァーソニ 3463 1.8	1中京 1月5日 ① 万葉 4 オープン 12ﾄ16頭 芝3039 56イーガン M ⑪⑪⑩ 488 人気2 中位伸 3身 383外354 ミクソロジー 3034 0.5	10ヵ月半 脚部不安放牧 乗込み5週間 仕上り○ 連対体重 456～480 3ヵ月以上休 ①②③外 2000

東京11R 枠番連勝

1-1	☆
1-2	9.5
1-3	32.0
1-4	19.8
1-5	30.9
1-6	12.4
1-7	21.9
1-8	26.0
2-2	27.4
2-3	21.7
3-5	70.1
3-6	28.1
3-7	49.7
3-8	59.1
4-4	☆
4-5	43.4
4-6	17.4
4-7	30.7
4-8	36.6
5-5	☆
5-6	27.2
5-7	48.0
5-8	57.1
6-6	65.9
6-7	19.2
6-8	22.9
7-7	☆
7-8	40.4
8-8	☆
軸馬	11
単穴	4
連	8 2 6

●2023年２月18日・東京11Ｒダイヤモンドｓ（ＧⅢ、芝3400m）

1着④ミクソロジー
（2番人気）
西村淳也＝Ｘ
2着⑤ヒュミドール
（13番人気）
田辺裕信＝Ｓ
3着②シルブロン
（1番人気）
Ｃ・ルメール＝Ｓ

単④ 370円
複④ 160円
⑤ 1140円
② 150円
馬連④－⑤ 18950円
馬単④→⑤ 26040円
3連複②④⑤ 17300円
3連単④→⑤→② 121000円

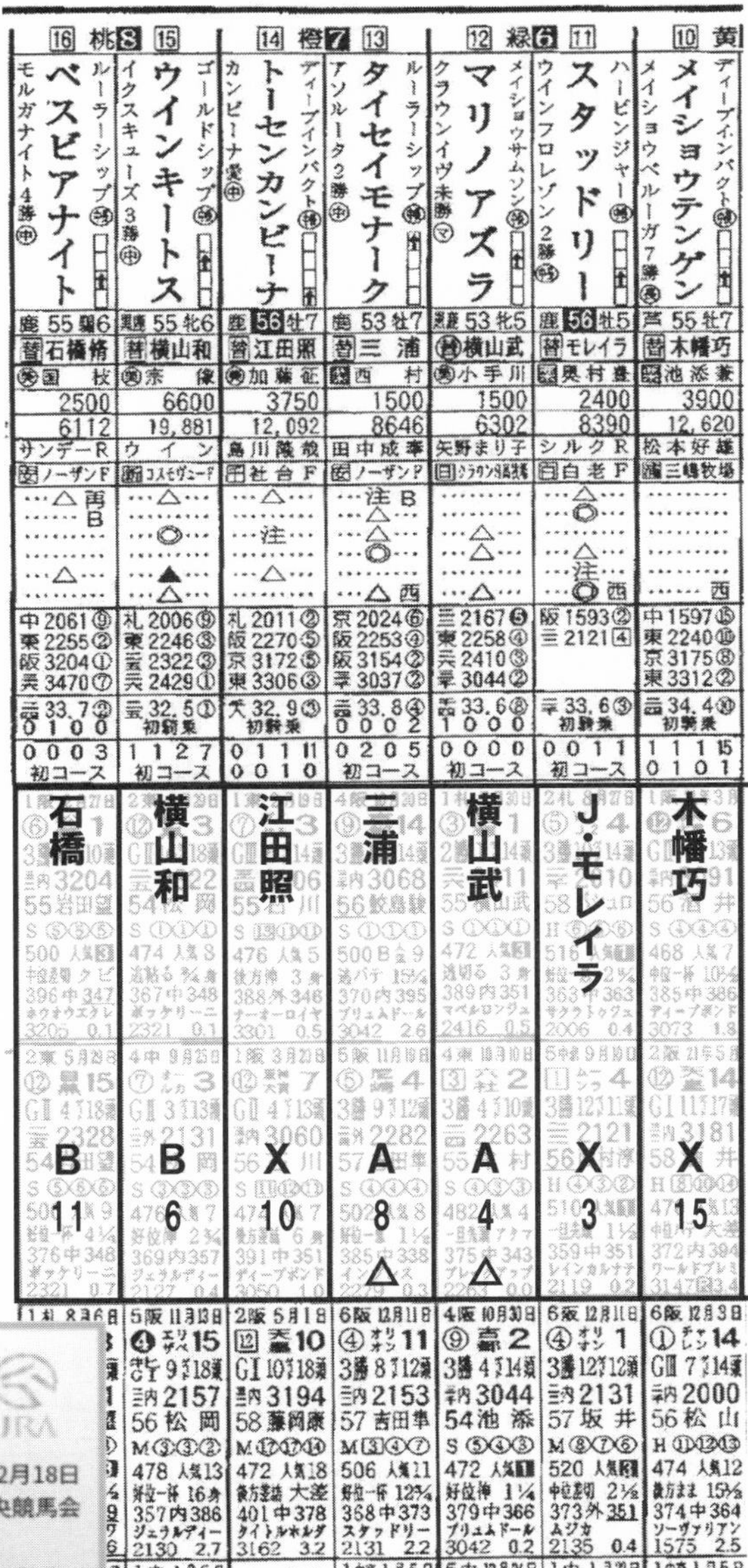

3連単
12万1000円！

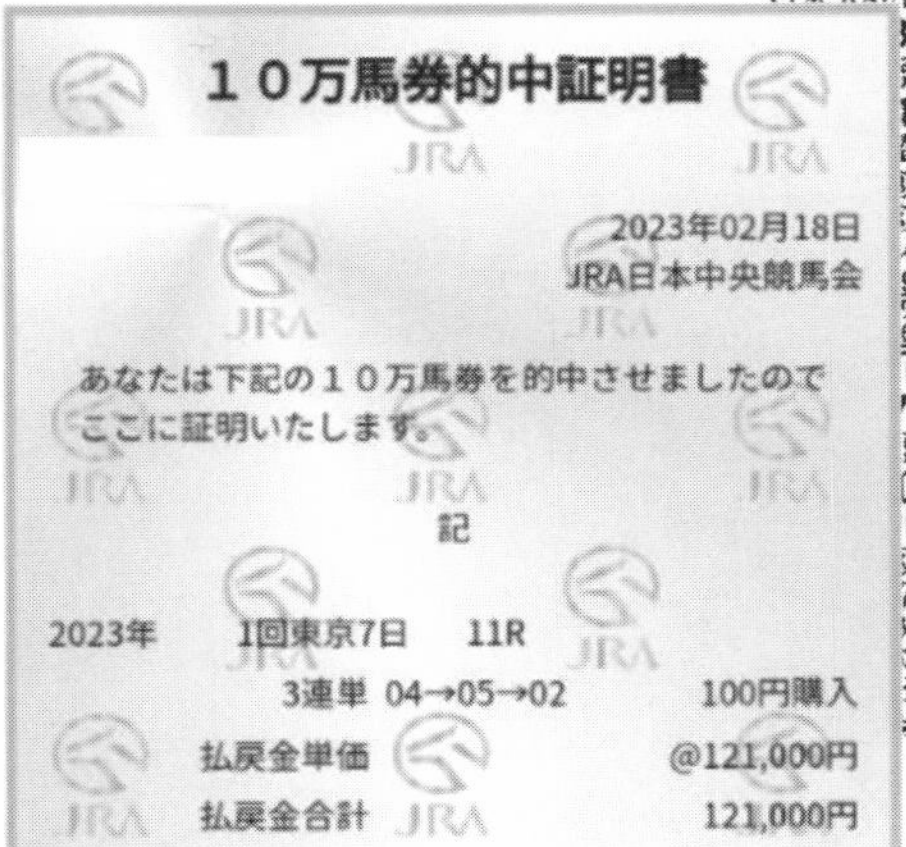

１０万馬券的中証明書

2023年02月18日
JRA日本中央競馬会

あなたは下記の１０万馬券を的中させましたので
ここに証明いたします。

記

2023年　1回東京7日　11R
3連単　04→05→02　100円購入
払戻金単価　@121,000円
払戻金合計　121,000円

1頭目：②⑤
2頭目：②④⑤⑨⑫⑬
3頭目：②④⑤⑨⑫⑬

・パターン2

1頭目：②④⑤⑨⑫⑬
2頭目：②⑤
3頭目：②④⑤⑨⑫⑬

このレースのポイントは13番人気の伏兵に重いシルシを打てるかどうかにあったが、【勝負ジョッキー】ならＳランクの田辺騎手を本命◎に推奨するのは容易なこと。また、西村淳騎手のような東京の騎乗経験の少ない騎手でも、能力上位の馬に騎乗した際は押さえるというルールにもとづき、しっかりカバーすることができた。

13番人気の田辺騎手に◎を打った理由は、レース前日にサイトで公開したコメントの通り。当時のリアルな予想の雰囲気を感じてもらえると思うので、参考までに以下に転載しておこう。

『芝の長距離を得意にしている田辺騎手を穴騎手に推奨します。今回の騎乗馬◎ヒュミドールは、一昨年のダイヤモンドＳ５着の好走実績があります。その次走、長距離の芝２５００ｍで行われた重賞の日経賞も４着に好走しました。最近は芝２０００ｍ前後の中距離に出走して負け続けていますが、久しぶりに長距離に出走することで変身を警戒します。田辺騎手の騎乗は前走からの継続となり、騎乗馬に対する慣れを見込めます。騎乗馬の長距離適性を評価、鞍上が東京長距離を得意にする田辺騎手なので、大駆けを期待します』

このコメントからもわかる通り、田辺騎手は長距離戦を得意にしている騎手である。同じ東京芝長距離となる東京芝２５００ｍでも、ＧⅡの２０２２年アルゼンチン共和国杯で６番人気のブレークアップを勝利に導いた。

さらにほかの競馬場でも長距離は注目でき、Ｇ１の２０２２年菊花賞（阪神芝３０００ｍ）を２番人気のアスクビクターモアで、ＧⅡの２０２１年ステイヤーズＳ（中山芝３６００ｍ）を６番人気のディバインフォースで、それぞれ勝利している。

近年の重賞制覇の例だけでもこれだけ好結果を残しているので、田辺騎手が長距離で競馬場を問わず活躍できることは覚えておいたほうがいい。

また、【勝負ジョッキー】において原則的に競走馬の成績は見ず、コース・騎手ランク・人気のみで結論を出すのだが、このレースのヒュミドールのように買い目決定後に補完的に競走馬の実績、適性、騎手との相性に目を向けることはある。騎手だけでなく、騎乗する競走馬にも強調材料があれば、勝負度合い（金額）を上げてもいいだろう。

馬券術【勝負ジョッキー】トリセツ総括

■手順① 予想するレースのコース（例えば東京芝1600m）の騎手ランク表を手元に用意

■手順② そのレースに出走する騎手が騎乗する馬の単勝人気順位をチェック→数字を新聞に書き込む（画面上に打ち込む）

※単勝オッズがまったく同じ場合は複勝オッズの数値が低いほうを上位評価

■手順③ 騎手ランク表と照合し、騎手をS、A、B、Xのいずれかのランクに評価→アルファベットを新聞に書き込む（画面上に打ち込む）。騎手ランクは、最も高く評価する騎手がSランク、次に評価する騎手がAランク、押さえ評価がBランク、ランク外がXランク

■手順④ 1〜2番人気を「人気グループ」、3〜18番人気を「穴グループ」に分類

■手順⑤ 次のルールに則りシルシを打つ

［1］穴グループの騎手から4人選出

・3番人気以下の出走馬に騎乗する騎手のなかで、最も評価の高い騎手に【◎】を打つ

・Sランクから選ぶのが原則で、Sが複数いる場合は、そのなかから人気上位を選ぶ

・Sがいない場合はAから人気上位を選び、SとAがいなければBから人気上位を選ぶ（以下、同様）

・3番人気以下で次に評価の高い騎手に【△】を打つ

・3番人気以下で3番目に評価の高い騎手に【△】を打つ

・3番人気以下で4番目に評価の高い騎手に【△】を打つ

・S、A、Bまでをチェックして△が3人に満たなかった場合は、3人になるようにランク外（X）のなかから人気上位順に【△】を打つ

［2］人気グループの騎手2人の優劣を評価

・1〜2番人気のなかで評価の高い騎手に【○】を打つ

・1〜2番人気のなかで残った騎手に【△】を打つ

・2騎手が同じ評価の場合は1番人気が【○】、2番人気が【△】

■手順⑥ 次のルールに則り馬券を買う

★3連複フォーメーション（的中重視）

1頭目：◎○

2頭目：◎○△△△△

3頭目：◎○△△△△（計16点）

★3連単フォーメーション（高配当重視）

パターン1

1頭目：◎○

2頭目：◎○△△△△

3頭目：◎○△△△△

パターン2

1頭目：◎○△△△△

2頭目：◎○

3頭目：◎○△△△△

（パターン1・40点＋パターン2・40点＝合計80点）

第2章

なぜこの馬券術はここまで鮮やかに当たるのか

【勝負ジョッキー】の秀逸さを伝える９つの理由《ワケ》

第1章では、読者のみなさんが馬券術【勝負ジョッキー】をすぐに使いこなせるようになることを意識し、予想の仕方、馬券の買い方を詳しく、丁寧にお伝えした。千本ノックよろしく、タイプの異なる的中サンプルをいくつも紹介したので、予想スタートから的中に至るまでの流れはしっかりイメージできたことだろう。

続く第2章では、【勝負ジョッキー】が生まれた経緯や各種ルールの設定基準など、ロジカルな部分について徹底的に解説していく。

馬券術【勝負ジョッキー】はどのような経緯を経て誕生したのか？

なぜここまでシンプルな手法で高額配当を獲ることができるのか？

それらの〝理由〟を、9つのパートに分けてお伝えしていく。本章に目を通せば、【勝負ジョッキー】への理解がよりいっそう深まり、さらに効率良く運用していくことが可能になるだろう。

勝負度合い（投資額）の強弱をつけたり、券種をアレンジしたりする際にも効果を発揮するはずだ。

Reason1 【勝負ジョッキー】が誕生した理由

～外国人騎手の存在が道を切り開いた～

今でこそコンスタントに馬券で勝つことが当たり前になった私だが、最初からうまくいったわけではない。競馬を始めたころは、多くの初心者と同じように近走成績の良い馬（たいていは人気馬）を素直に買っていた。ちゃんと収支をつけていたわけではないが、勝ったり負けたりをくり返しながら、おそらく控除率分くらいはやられていたと思う。

ただ、元来負けず嫌いの性格ゆえに、ほどなくして「どうやったら明確に勝てるか」を真剣に考えるようになった。そこで「他人と同じアプローチで予想をしていたら、人気サイドばかりを買うことになり、勝つことはできない」ことに気づく。そして、「トータルでプラス収支を計上するためには穴を獲る必要がある」という結論に至った。

まず、「どうやったら穴を獲れるか」を考える前に、「どんな馬が穴をあけているか」に注目。人気薄で馬券に絡んだ馬の共通点を探っていった。

すると、「前走で大きく負けていた馬が変わり身を見せて高配当を提供しているケースが多い」ことに目がとまった。さらに掘り下げて分析していくと、関東であれば中山⇕東京、関西なら京都⇕阪神のように、出走するレースの競馬場が替わるタイミングで穴をあけるパターンが頻出していることがわかった。

競馬に本格的に興味を持ち、本気で勝利を目指すようになったのはこのころからである。

「競走馬は条件によって得手不得手、すなわち適性がある」

「苦手条件で負けた馬が、人気を落として得意条件に出走してきたときによく穴をあける」

これを念頭に置き、適性をテーマにした馬券本を読みあさるようになった。

すでに発表されていた適性理論は、血統、ラップ、コース形態など多種多様。しかし切り口は多々あれど、ほぼ例外なくコースとそれ以外のファクターを掛け合わせたものであることに、ひと通り研究して気づくに至った。

血統であれば、コースごとの種牡馬（父）の成績を分析したものが主流。たまに母父やニックスといった要素も登場するが、コースと血統の関係性に目を向けていることに変わりはない。

また、ラップであれば、コースごとのラップタイムの傾向に言及しているものが多く、やはりコースありきで理論が構築されていた。

「なによりコースが重要なんだな」

私も過去の成功例にならい、コースと競走馬関連のありとあらゆるファクターを掛け合わせてデータを取り始めた。

しかし、すぐに的中率と回収率の理想的なバランスを取ることの大変さに頭を悩ませることになる。人気馬ばかりを買っても儲からないことはわかっている。一方で、大穴一辺倒で攻めると的中率が悪すぎて資金コントロールが難しくなる。

いきなり、大きな壁にぶつかった。

世の中はそんなに甘くないということだ。

◉局面を変えてくれた競馬仲間の口ぐせ

そんなおり、あるビギナーの競馬仲間が呪文のようにくり返し口にしていたひとつの説が、私の研究を前進させるキッカケをつくってくれた。

「ＧⅠは外国人騎手を買えば当たる」

その競馬仲間の主張はこうである。

あまりにシンプルだが、間違ってはいない。データを取らなくても、おおむね正しいことはわかる。

外国人騎手は、短期免許で来日する騎手だけでなく、２０１５年に外国人騎手として初めてＪＲＡの通年免許を取得したＭ・デムーロ騎手とルメール騎手が、日本競馬に大きな影響を与えていた。

それは事実であり、競走馬の成績をろくに見ずに外国人騎手をただひたすら買う競馬仲間は、ほかにもいた。「カタカナボックス（出馬表に名前がカタカナで表記される外国人騎手ボックス）」という言葉もよく耳にしたものだ。

これに対して私は「競馬はそんな単純ではないよ」と心の中でつぶやいていた。ＧＩレースしか買わないライトファンはそれでいいかもしれない。でも、毎週の競馬に真剣に取り組んでいる者としては、そういうわけにはいかない。ＧＩ以外のレースのほうがはるかに多いし、外国人騎手が負けるレースも山のようにある。

そう思っていたのだが、あるときハッとさせられた。

ＧＩは外国人騎手を買うのが正解なら、ＧＩ以外の別の条件でも「この騎手を買えば勝てる」という傾向がきっとあるはず。それに該当するのがマイナー騎手であれば、高配当を獲れるチャンスが広がるかもしれない――そんなひらめきのようなものが生まれたのだ。

これが馬券術【勝負ジョッキー】の出発点となった瞬間。私のすべての興味は騎手に注がれるようになった。「〇〇×コース」の掛け合わせファクターを騎手に設定し、仕切り直してデータ分析を開始。コースごとの傾向にメスを入れていった。

当初は、もちろん競走馬にもコース適性があるので、「騎手×競走馬×コース」でアプローチを試みたのだが、早々に断念。３つの要素が絡むと複雑になりすぎて混乱することを痛感したからだ。

これにより、研究対象は「騎手×コース」に絞ると腹が決まった。そうすれば、騎手に対する理解が深まるし、馬券術もシンプルで使いやすくなる――そう考えたのだ。

このような経緯を経て「競走馬の成績をいっさい見ない」「騎手だけを見るから高配当馬券が獲れる」という２つのコンセプトを標榜し、オリジナル馬券術の開発に身をささげるようになったのである。

当時、私は仕事で某ＩＴ企業の競馬サイトを担当していたこともあり、忘年会の場などでプロ予想家のみなさんと話をさせていただく機会があった。このときにいくつかのアドバイスをもらうことがあったのだが、それがとても有意義で、今なお私の予想家スピリットの大きな一部分を占めている。

このご恩は決して忘れることがない。助言をしてくださった予想家さんには、今でも心から感謝している。

その後、私の馬券術開発は加速していくのだが、ここからは研究中に感じたことや気をつかったことを中心に、【勝負ジョッキー】の裏側を詳しく紹介していきたい。

Reason2　騎手に注目した理由

～馬の気持ちはわからないが人間の気持ちならわかる～

私が騎手に注目した理由は、先ほど述べたように「穴を獲るチャンスを見つけやすいから」なのだが、それだけにはとどまらない。ほかにも理由があるので、それに言及していこう。

大きな理由は、「騎手が我々と同じ人間だから」である。

競走馬の気持ちやつらさは理解できないが、騎手のことなら少しは理解できる。例えば、競走馬が一生懸命走る目的はよくわからない。でも、騎手は報酬を得るために仕事として騎乗する、重賞制覇という名誉のために戦う、など目的がハッキリしている。

また、我々が想像するようなことを騎手も想像するだろうし、感情的になったり、平常心を保てなかったり、ということもあるだろう。「このコースと相性がいいな」ということは感じているはずであり、また大レースで人気を背負う際は緊張するに決まっている。

このように、騎手が抱いているであろう感情や感覚を数値化できないか？

私はそう考えた。騎手の感情や感覚は必ずレース結果に反映されるはずで、なにを考えて走っているのかわからない競走馬のことを研究するよりも、はるかに「的を得た結論」にたどり着きやすいと考えたのだ。

この発想が、のちのち生まれる騎手ランクの基になった。

これからレースに出走するに際し、競走馬が作戦を立てることはない。「今から走るレースは有馬記念。中山芝２５００ｍで行なわれ、直線に急坂があるから坂下まで体力を温存しよう」というようなことを考えていたら驚きだが、それはないと断言できる。

一方、騎手は事前にレース条件を把握しており、あらかじめ作戦を立て、騎乗馬に指示を与える。騎手の役割は非常に重要で、競走馬の能力をすべて出し切れるかどうかは、騎手にかかっているといっても過言ではない。

適切な指示を出せなければ、能力の高い馬に騎乗しても勝つことはできない。逆にペース配分や追い出しのタイミングなど、完璧に騎乗すれば、能力のない穴馬でも勝つことができる。そして、この２つが重なったときに波乱が起こるわけだ。

競走馬は年間数レースしか走らない。ＧＩで勝ち負けできるトップホースともなれば、春３走、秋３走の計６走程度。下級条件の馬が毎月１回のペースで出走したとしても、年間12レースにとどまる。対する騎手は、多ければ１日10レース以上に騎乗する。２０２２年に最多勝を挙げた川田騎手は年間５５２回。最多騎乗の和田竜騎手は８９１回。競走馬とは比べものにならないくらいに多い。

これはすなわち、分析する際のサンプル数が豊富で、傾向をつかみやすいということ。よほど落ちぶれている騎手でなければ、毎週どこかの競馬場で騎乗しているので、勝負できるタイミングもコンスタントにめぐってくる。だから騎手に注目した。そんな事情もあるのだ。

全騎手が同じ能力のＡＩを搭載したロボットだったとしたら、どのレースも出走馬の人気順（能力順）に決着するだろう。しかし、現実的に騎手には能力の差があり、騎手の判断によって人気薄が上位に激走することもある。そしてその結果、波乱が起こる。

すべての騎手が騎乗馬の能力を１００％引き出すことは、まずあり得ない。能力値１００の１番人気馬の能力を鞍上が60％（１００×60％＝60）しか引き出せないタイミングで、能力値70の６番人気馬の能力を鞍上が90％（70×90％＝63）引き出せることに期待して狙う――これが【勝負ジョッキー】の基本方針になる。

どんなに能力の高い馬でも、騎手がマズイ騎乗をすれば凡走をするし、逆に多少能力に劣る馬でも、騎手が完璧に近い騎乗をすれば大駆けする。その可能性が高いことをレース前に見極めたうえで、穴をあけてくれそうな馬を中心に買うのが、最も効率良く勝つ方法であると私は確信している。

なお、余談ではあるが、競馬場やウインズで馬券を購入してレースを観ていると、多くの競馬ファンがゴール前の叩き合いで騎手の名前を叫んだり、レース後に騎手の批判をしたりする声が周りから聞こえてくる。

良くも悪くも競馬ファンは騎手に注目しているし、騎手のことが好きなんだと思う。だから騎手で馬券を買って、もっと騎手の名前を叫んで楽しんでいただきたい。騎手馬券は儲けるだけでなく、娯楽としての魅力も与えてくれるのだ。

Reason3 騎手の優劣をつける際にコースを切り口にした理由

～どんな名手にも苦手にしている条件はある～

前述の通り、私は穴馬探しの方法を模索するなかで適性理論に興味を抱き、どんなタイプのものでもコースをベースに理論が構築されていることに気づき、「騎手×コース」でオリジナル馬券術の開発を目指すようになった。

よって、騎手ありきというよりは、コースありきで研究はスタートしている。騎手の優劣をつける際にコースを切り口にした理由は、いうまでもなく適性の差が顕著に表れるからだ。

レースでは、騎手が騎乗馬に適切な指示を出せるかどうかで勝敗が決まる。

「逃げ馬はハナを奪って絶妙のペース配分で折り合えるか」
「差し馬はゴール前の直線のどこで仕掛ければ最も弾けるのか」
「馬群に包まれたときにどの進路を通るか」
「当該週の馬場は内と外のどちらが伸びるのか」

騎手はつねにこういった判断をしなければならない。これを適切に行なうためには、コースの特性を熟知している必要がある。そのコースにおける理想的な乗り方を手の内に入れて初めて、競走馬の能力を最大限に引き出す騎乗が可能になるのだ。

騎手の能力（総合力）だけに注目すれば、自動的に川田騎手、ルメール騎手、戸崎騎手といったリーディング上位騎手を買うことになる。

しかし、どの騎手にもコースに対する適性があり、得意コースと苦手コースが存在する。つねにリーディング上位騎手を買えばいいというわけではないし、それでは絶対に馬券で勝つことはできない。

例えば、ルメール騎手には苦手なコースがないと思われる読者がいるかもしれないが、彼のような名手にも弱点はある。それは中京芝の短距離戦。ルメール騎手の中京芝１２００～１６００ｍの騎手ランクはBランクになる。

重賞を例に挙げると、２０２２年シンザン記念（中京芝１６００ｍ、P68～69）でルメール騎手は、単勝1・8倍の圧倒的1番人気に支持されたラスールに騎乗したが、出遅れたうえに道中で行きたがって直線で脚を失くし、7着に凡走した。

そしてこのレースを制したのは、中京芝１６００ｍの騎手ランクがSランクとなる横山典騎手が騎乗、絶好のポジションから直線で最内を突いて抜け出したマテンロウオリオン（4番人気）だった。このような例は数えきれないくらいたくさんある。

なお、このレースの配当は高くないが、◎→○→△のド本線的中となるため、買い目ルールで3連単がダブル的中（2パターンのフォーメーションが両方とも的中）し、2倍の配当金を回収することができた。

◉騎手ランク表で騎手の適性が一目瞭然

コースの特徴が騎手に与える影響はとてつもなく大きいので、コースを無視して騎手の評価を下すのは非常に危険だ。

コースには、右回り・左回り、直線の長い・短い、小回り（内回り）・大回り（外回り）、（おもに最後の直線の）坂の有無などの特徴があり、騎手の能力がコースの特徴に合うかどうかによって、得意・苦手なコースができる。

直線の長いコースでは、末脚を伸ばすために追える騎手が活躍しやすい。その反対に小回りコースでは、差しが苦手でもコーナリングが上手ければ活躍できる。騎手の持っている能力が、そのコースに合うかどうかはきわめて重要なポイントとなる。

競走馬は芝とダート、短距離、中距離、長距離に路線を分けて、その馬の得意なレースに出走するが、騎手は全競馬場の短距離から長距離まで全コースに騎乗する。

もちろん、全コースを得意とする騎手は存在しないし、このコースは苦手と公言したら騎乗依頼が減

中京 11R WIN5⑤

発馬 15.45

第56回 シンザン記念 GⅢ

(特指) 三才オープン・別定

	白1 ①	黒2 ②	③	赤3 ④	⑤	青4 ⑥	⑦	5 ⑧
父	アメリカンペイトリオット(マ)	キタサンブラック(社)	モーリス(社)	キズナ(社)	イスラボニータ(社)	ドレフォン(社)	ドゥラメンテ(社)	ドレフォン(社)
馬名	ビーアストニッシド	ラスール	ソリタリオ	ジャカランダ	アールチャレンジ	カワキタレブリー	シーズザデイ	ウナギノボリ
母	マオリオ(中)	サマーハ(社)	サブトゥエンティ(中)	コンポステラ(マ)	エクスラヴィータ(マ)	カフジビーナス(マ)	ラーチャブルック(マ)	ノンキ(中)
毛色	黒鹿	鹿毛	栗毛	黒鹿	栗毛	黒鹿	鹿毛	黒鹿
斤量	56 牡3	54 牝3	56 牡3	56 牡3	56 牡3	56 牡3	56 牡3	56 牡3
騎手	岩田康	ルメール	(替)Cデムーロ	(替)幸	(替)団野	松山	鮫島駿	吉田隼
厩舎	飯田雄	藤沢和	西村	河内	千田	杉山佳	川村	音無
賞金	1000	400	900	400	400	400	400	400
総賞金	1990	700	2000	801	510	2520	700	1600
馬主名	村中徹	シルクR	サンデーR	ノースヒルズ	前原敏行	川島和範	荒井元明	小田切有一
牧場名	日 ヴェルサイユF	安 ノーザンF	安 ノーザンF	日 土居牧場	日 チャンピオンズF	新 川島牧場	日 スマイルF	日 中原牧場
持木	△	○	注			△		△
広田	△	○	注			△	△	
加茂	△	○	▲	△		△		注
市場	△	△	◎					△
田崎		◎				△	△	△
本紙須藤	▲	○ 東	△			△	△	△
芝1200〜1800	東1354③ 〒2034②	東1?3①	新 ①	阪1226⑤ 東1364⑦ 新ダ1552[1]	小1114⑩ 〒2011⑦ 小1491❶	函1104⑤ 阪1241⑤ 阪1354③ 中1297③	阪1231①	東1223① 東1354②
上り最高	芺33.3①	芺34.0①	芺34.3①	芺34.7⑤	芺35.5⑩	芺33.5③	芺35.9①	芺33.4④
騎乗成績	1100	1000	初騎乗	初騎乗	初騎乗	0010	1000	0100
クラス実績	0100	0000	0000	0000	0001	0022	0000	0002
当該条件	0010	初コース	1000	0001	初コース	初コース	初コース	0100

2 7

	白1 ①	黒2 ②	③	赤3 ④	⑤	青4 ⑥	⑦	5 ⑧
←騎手	岩田康	C・ルメール	C・デムーロ	幸	団野	松山	鮫島駿	吉田隼
←ランク	A	B	A	B	X	A	A	A
←人気	5	1	2	14	15	7	12	6
←シルシ	△	△	○					△

	白1 ①	黒2 ②	③	赤3 ④	⑤	青4 ⑥	⑦	5 ⑧
開催場所・月日	4阪 10月30日	レース診断 上昇度◎ 狭い所をこじ開け瞬時に抜け出す。瞬発力◎	5新 10月9日	6中京 12月5日	5中京 9月25日	4阪 10月17日	レース診断 上昇度○ 大外枠から楽にハナに立ちそのまま押し切る	5阪 11月13日
開催日・着順	⑦ 〒 1		① 〒 1	② こうやま 7	⑥ 野路菊 7	④ もみじS 5		③ デイリー2才 7
条件・枠・頭数	未勝 8 10頭		未勝 10 13頭	1勝 2 9頭	オープン 5 8頭	オープン 3 6頭		GⅡ 4 7頭
距離・タイム	芺外 1354		芺外 1343	芺 1364	〒 2011	芺内 1241		芺外 1364
斤量・騎手名	55 岩田康		55 吉田隼	55 坂井	54 川須	55 戸崎圭		55 和田竜
ペース・通過順	S ②②②		S ②②②	S ⑤⑨⑨	M ⑦⑧⑧	S ⑤⑤⑤		S [7]⑦⑥
馬体重・人気	464 人気5		474 人気1	582 人気9	464 人気7	432 人気6		468 B 人気6
戦評・馬身差	先行抜出 1身		先行抜出 2½	後方まま 6⅔	後方まま 8身	後方差詰 4¼		後方まま 7¾
前半・上り③F	372 中 333		356 中 343	373 中 354	380 中 355	371 中 354		375 中 346
①②着馬	ソングフォーユ		ニャンチンノン	ソリタリオ	ロン	カジュフェイス		セリフォス
①②着時計・秒	1356 0.2		1347 0.4	1353 1.1	1598 1.3	1233 0.8		1351 1.3
開催場所・月日	5阪 11月27日	4東 10月10日	6中京 12月5日	6阪 12月25日	3カ月余 放牧	5阪 11月13日	6阪 12月26日	6中京 12月5日
開催日・着順	⑦ 京都2才 2	② 〒 1	② こうやま 1	⑦ 〒 5	乗込み3週間 仕上り○	③ デイリー2才 3	⑧ 〒 1	② こうやま 2
条件・枠・頭数	GⅢ 3 10頭	新馬 2 17頭	1勝 7 9頭	1勝 5 11頭	連対体重 464キロ	GⅡ 5 7頭	新馬 18 18頭	1勝 1 9頭
距離・タイム	〒内 2034	芺 1353	芺 1353	芺内 1226	3カ月以上休	芺外 1354	芺内 1231	芺 1354
斤量・騎手名	55 岩田康	54 ルメール	55 福永	55 鮫島駿	①②③外	55 松山	55 鮫島駿	55 吉田隼
ペース・通過順	S ①①①	S [4]④③	S [5]②③	S ⑩⑩⑩	0001	S ④⑤⑥	S ①①①	S [9]⑧⑧
馬体重・人気	466 人気9	474 人気1	478 人気1	578 人気11		430 人気7	496 人気5	464 人気4
戦評・馬身差	逃粘る ½身	楽抜出 3½	中位差切 クビ	後直だけ 4身		後方伸 2身	逃切る 1¼	後方伸 クビ
前半・上り③F	375 内 358	363 内 340	371 外 351	361 中 347		368 内 335	352 中 359	375 外 346
①②着馬	ジャスティンロ	アイキャンドウ	ウナギノボリ	マテンロウオリ		セリフォス	ニューノーマル	ソリタリオ
①②着時計・秒	2033 0.1	1359 0.6	1354 0.1	1219 0.7		1351 0.3	1233 0.2	1353 0.1

●2022年1月9日・中京11Rシンザン記念（GⅢ、芝1600m）

1着⑩マテンロウオリオン
（4番人気）
横山典弘＝S
2着③ソリタリオ
（2番人気）
C・デムーロ＝A
3着⑨レッドベルアーム
（3番人気）
川田将雅＝A

単⑩ 1020円
複⑩ 280円
③ 170円
⑨ 200円
馬連③−⑩ 2020円
馬単⑩→③ 4840円
3連複③⑨⑩ 3680円
3連単⑩→③→⑨ 25490円

15 桃8	14	13 橙7	12	11 緑6	10	9 黄
セルバーグ	㊀モズゴールドバレル	ショウナンアメリア	ジャスティンヴェル	デルマグレムリン	マテンロウオリオン	レッドベルアーム
エピファネイア	オプティマイザー	ロードカナロア㋮	ドゥラメンテ	ディーマジェスティ㊥	ダイワメジャー	ハーツクライ
エナチャン㋮	スウィーターステイル㋮	ランスタン	プレシャスライフ㋮	レディクローリス㊥	パルテノン㊥	レッドファンタジア
鹿毛	黒鹿	黒鹿	黒鹿	栗毛	黒鹿	鹿毛
56 牡3	54 牝3	54 牝3	56 牡3	56 牡3	56 牡3	56 牡3
和田竜	坂井	池添	西村淳	武豊	横山典	川田
鈴木孝	藤岡健	奥村武	安田隆	五十嵐	昆	藤原英
400	400	400	400	400	500	400
700	700	990	1340	510	1290	1080
桑畑夏美	キャピタルS	国本哲秀	三木正浩	浅沼廣幸	寺田千代乃	東京HR
前谷武志	アメリカ	天羽牧場	千代田牧場	岡田牧場	ムラカミF	ノーザンF
	◎ △ △ ▲ 注	注 東	△	△ ▲	△ ◎ ◯ △	▲ ▲ ◎ 注 ◯ ◯
東1220⑦ 阪1356①	東1233①	東1219① 新1354[2]	新1102① 東1217②	阪1348①	1 阪1 9① 阪1 3②	3 東1472⑤
34.6⑦ 1001	35.1① 1000	34.0② 初騎乗	34.8① 初騎乗	34.9⑥ 初騎乗	33.4① 1000	34.2⑤ 初騎乗
0001 初コース	0000 初コース	0000 初コース	0100 初コース	0000 初コース	0000 初コース	0001 初コース
和田竜	坂井	池添	西村淳	武豊	横山典	川田
B 11	A 8	A 10	X 13	B 9	S 4 ◎	A 3 △
4阪10月17日 ④1 新馬6ト16頭 芝外1356 55和田竜 S③④④ 430 人気8 好位抜出 1¼ 365中353 サザンステート 1358 0.2	レース診断 上昇度◯ 狭い所を割ってゴール前ひと伸び。着差以上	4中9月20日 ⑤9 6ト15頭 芝外1364 54ルメール M③④⑤ 466 人気1 好位一杯 6身 353中365 サークルオブラ 1354 1.0	5中京10月2日 ⑧2 2ト7頭 1217 55松山 S⑤④⑤ 476 人気2 中位伸 1½ 348外349 ドーブネ 1214 0.3	5阪11月27日 ⑦6 新馬12ト13頭 芝外1381 55岩田康 S[11]⑪⑩ 444 人気9 後方差詰 2身 382中349 サク 1377 0.4	6阪12月12日 ④2 新馬11ト17頭 芝外1353 55太宰 S③②② 490 人気2 先行伸 ¾身 366中350 エバーシャドネ 1351 0.2	3阪6月27日 ④1 新馬2ト11頭 芝外1479 54福永 M④③④ 508 人気1 好位抜出 ½身 362内354 アランヴェリテ 1480 0.1
5東11月6日 ①7 GⅡ 6ト14頭 1220 55和田竜 S④③③ 428 人気11 好位一息 4½ 353中346 キングエルメス 1213 0.7	6中京12月19日 ⑥1 新馬1ト18頭 1233 54坂井 S③③③ 444 人気1 先行抜出 ½身 362内351 メモリーサボア 1234 0.1	4東10月16日 ③1 未勝9ト13頭 1219 54横山和 S④⑦⑨ 462 人気3 中位抜出 1¾ 358外343 ミッドナイトミ 1221 0.2	6阪12月25日 ⑦11 1勝1ト11頭 芝内1232 55松山 S⑥⑥⑦ 478 人気2 中位一杯 7¾ 356内355 マテンロウオリ 1219 1.3	6阪12月19日 ⑥1 未勝10ト18頭 芝外1348 55戸崎圭 M[17]⑯⑫ 440 人気13 直線一気 ハナ 366外352 ディオ 1348 0.0	6阪12月25日 ⑦1 1勝6ト11頭 芝内1219 55横山典 S[11]⑪⑪ 486 人気6 直線一気 クビ 369外334 アルーリングウ 1219 0.0	5東11月20日 ⑤5 GⅡ 5ト12頭 芝1472 55福永 S[5]⑥⑥ 514 人気2 S後鈍る 6½ 372外342 イクイノックス 1462 1.0

るので騎手本人がそれを口にするわけがない。だから私は、データを分析して騎手の得意なコース、苦手なコースを明らかにしようと考えたのだ。

そして、これを可視化したものが「騎手ランク表」となる。コースごとの表を確認することで騎手のコース適性が一目瞭然となり、とっても便利。しかも、ただ単にそのコースにおける好走率や回収率の高い騎手を推奨するのではなく、高い再現性にこだわって、将来的にもそのコースで馬券になりやすい騎手を評価するシステムを導入している。

騎手ランクは、コースごとに全騎手を「S」「A」「B」「X」の4段階で評価。最も推奨できるSランクは、各コースに基本3騎手しかいない、そのコースのスペシャリストである。【勝負ジョッキー】は、Sランクの3騎手（つねに3騎手全員が騎乗するわけではないので、実際は1レースで1人か2人が騎乗）から、「A」「B」ランクの騎手に流すだけというシンプルなルールを採用している。

なお、騎手ランク作成基準に関する詳細は、このあとの「Reason 6 単複や2連勝馬券ではなく、3連勝馬券をメインに勝負する理由」をご参照いただきたい。

Reason4 競走馬の戦績を見ずに人気だけを参考にする理由

～ファンの総意が最も正確な能力の指標～

結論からいおう。競走馬の戦績（馬柱）を見ずに人気だけを参考にする理由は、いたってシンプル。競走馬の能力は、人気順で知ることができるからだ。

競走馬の成績を見て能力の高い馬を選ぼうとすると、多くの人は連勝中の馬、前走を圧勝した馬、血統の良い馬など、人気を集めやすい馬に目がいってしまいがち。しかしながら、そのような人気馬は頻繁に凡走する。そしてそれが、波乱の原因になっている。当然、そんな曖昧な基準で能力を判断するのは無謀といわざるを得ない。

そこへいくと、人気は非常に正確。勝率や複勝率は1番人気が最も高く、その数値はきれいに人気と比例する。つまり、能力を測る指標において、人気に勝るものはないということである。

論より証拠、人気順の勝率と複勝率を確認しよう。左に掲載した表は、騎手ランクの基礎データ（P75〜にて解説）の集計期間と同じ近3年（２０２０年1月1日〜22年12月31日）における、人気順の成績である。

これを見ればわかる通り、1番人気の勝率と複勝率が最も高く、2番人気は2番目に高く、3番人気以降も人気と成績がしっかりリンクしている。競馬ファンの総意といえる人気順は、かなり正しく能力値を表しているのだ。

さらに表を見て感じるのは、ただ人気の要素だけで馬券を買っても儲からないということ。どの人気を買い続けても回収率85％を

●人気順の成績

人気	勝率	単回率	複勝率	複回率
1	33.0%	79.9%	63.8%	84.1%
2	19.3%	79.8%	51.8%	84.1%
3	13.3%	79.6%	41.0%	80.1%
4	9.4%	77.8%	32.7%	77.0%
5	7.0%	79.0%	26.0%	76.1%
6	5.4%	82.2%	21.7%	79.5%
7	3.9%	78.8%	16.2%	74.0%
8	2.8%	71.5%	12.7%	73.2%
9	1.9%	70.1%	10.3%	76.3%
10	1.5%	67.1%	7.9%	70.8%
11	1.2%	73.1%	6.4%	75.3%
12	0.9%	63.6%	5.1%	65.7%
13	0.7%	63.9%	3.6%	64.5%
14	0.6%	59.8%	3.0%	59.8%
15	0.4%	49.3%	2.4%	61.0%
16	0.4%	84.2%	1.5%	51.2%
17	0.0%	0.0%	0.8%	26.4%
18	0.2%	25.6%	0.9%	38.6%

集計：2020年1月1日～22年12月31日

超えることはない。

つまり、勝率と複勝率から能力値として人気順を使うのは正しい一方、儲けるためには「人気順×別の要素」を掛け合わせる必要がある、ということになる。人気が低い馬のなかから、大駆けするための特定条件に該当する馬を選抜できれば、回収率１００％を超えることが可能になるのだ。

Reason5　本命買いではなく、超大穴一辺倒でもなく、適度な穴狙いに徹する理由

~1番人気絡みでも高配当を獲ることは可能~

私はもともと世間でいうところの穴党と呼ばれる競馬ファンである。つねに3連単で10万円以上の馬券を狙っていたい。本格的に競馬を始めたのは、ディープインパクトが三冠を達成した２００５年からで、当時は中央競馬で3連単の発売が始まったばかり（２００４年より後半4レース限定で発売開始。２００８年より全レースで発売）で、またたく間に3連単の高配当の魅力に取りつかれた。

競馬を始めたころの失敗は、魅力的な穴馬を見つけて◎を打ったのに、そこから人気薄に流してしまい、◎が勝ったレースを取りこぼすケースが多かったこと。例えば、10番人気の◎から3、5、8、13、15番人気の△に流して、◎→△→1番人気の決着で30万馬券を獲り逃してしまった、といったミスがそれに該当する。

悔しい思いをしたあと、最初は穴馬の◎の単勝を押さえておけばいいと考えたりもした。しかし、馬券になっても2着、3着というパターンで失敗ばかり。そして、気がついた。人気薄から買っているの

だから、無理に人気馬を消す必要などないということに。

そんな思いに至る大きなキッカケになったのが、２０１０年の日本ダービーである。競馬を始めてからじつに5年も経っていたが、このレースで3連単15万馬券を獲れたことが、私に意識改革をもたらす要因となった。

この年のダービーは、皐月賞で3～8着くらいに負けた馬の逆転に期待し、高配当を狙うと決めていた。

当時は【勝負ジョッキー】を確立する前だったので競走馬の成績を参考にしていたが、本章の冒頭で述べたように、前走中山↓東京のような競馬場替わりには注目していた。まだ距離までは気にしておらず、単純に競馬場が替わるタイミングで穴馬を狙うのが効率的と思っていた。

私が◎を打ったのは、7番人気に支持されていたエイシンフラッシュ。同馬は前走の皐月賞で追い込むも3着だったので、直線の長い東京コースに替わって前進必至と予想したわけだ。

そして、結果は◎エイシンフラッシュが4角11番手から追い込んでダービーを制覇。2着に△評価のローズキングダムが入った。こちらは皐月賞4着なので、事前に予想した「皐月賞で負けた馬の逆転」という狙いが、いいセンをいっていたといえる。

以前の私なら、皐月賞馬でダービーでは1番人気に支持されていたヴィクトワールピサは消していたところだが、この年は皐月賞8着のダイワファルコンが次走のプリンシパルSで凡走してダービーに出走できなかったこともあり、その代わりとして1番人気ながらもヴィクトワールピサを△で押さえるこ

● 2010年・日本ダービーの結果

着順	馬名	人気
1	①エイシンフラッシュ	7
2	⑧ローズキングダム	5
3	⑦ヴィクトワールピサ	1
4	⑬ゲシュタルト	12
5	③ルーラーシップ	4

単① 3190円　馬連①−⑧ 16720円
3連複①⑦⑧ 10630円
3連単①→⑧→⑦ 152910円

とにした。

この判断があったから、３連単15万馬券を獲ることができたのである。

私にとっては、１番人気絡みのこの組み合わせで配当が15万円を超えていたことが衝撃的だった。

「穴狙いにこだわっているからといって、なにも1番人気を切る必要はないんだ……」

この事実に気づき、新たな世界が目の前に開けたのだ。

騎手馬券術の開発に着手するのはこのダービーから約5年後のことだが、馬券の買い方に関しては、２０１０年ごろから現在のスタイルが形づくられていったことになる。

ここで意識を切り替えることができて本当によかったと思っているし、自分が穴党だという認識のある方には、「むやみに人気馬を切らず、穴馬と絡めてバランスのいい買い目をつくっていただきたい」と、声を大にして主張したい。

わずか数レースで破たんしてしまうような競馬の賭け方は危険であり、長いスパンでプラスを計上するためには、資金がなくならないように適度な的中率を保つことが必須となる。トンデモナイ高配当は、フォーメーションの流す相手にこっそり入れておけばＯＫ。

これが、本命買いではなく、超大穴一辺倒でもなく、適度な穴狙いに徹する理由である。

このスタンスが競馬を長く続ける秘訣であると確信しているし、競馬を長く続けていれば、いつか必ず大きな馬券を獲るチャンスはやってくる。そのときに、賭け金を持っていないと、それまでの努力がすべて水の泡になってしまう。

適度な的中で競馬を続けつつ、チャンスがめぐってきたときに10万、20万、そして１００万という超高配当をつかみ取っていただきたい。

Reason6 単複や2連勝馬券ではなく、3連勝馬券をメインに勝負する理由

～騎手ランクの作成基準を完全公開～

【勝負ジョッキー】（開発者の御池善太郎）が３連勝馬券で勝負する理由――これは騎手ランクの作成基準にかかわってくることゆえに、先にその説明からしていきたい。連載していた雑誌『競馬の天才！』では触れなかったので、本書の読者だけに公開する貴重な情報だ。

騎手ランクはさまざまなデータを使って作成するのだが、そのなかで最も重視しているデータをまずは紹介しよう。実際の騎手ランク表を見ながらのほうがわかりやすいので、中山芝１６００ｍを例に解説していく。

このコースを選んだ理由は、騎手ランク作成で最も重視した基礎データの順位と、実際の騎手ランクの順位がほとんど同じだからだ（上位の騎手は完全一致）。

これは、中山芝１６００ｍの施行レース数が多いことが影響している。これから紹介する基礎データをはじめとするさまざまなデータを確認したところ、同じような傾向が出ていたので、基礎データの順位を、そのまま騎手ランクとして採用すべきと判断した。

まず、次ページの２つの表組をご覧いただこう。左は完成した中山芝１６００ｍの騎手ランク表、右は騎手ランクを作成する際に重視した中山芝１６００ｍの基礎データである。

●中山芝1600mの騎手ランク

順位	騎手名	ランク
1	川田将雅	S
2	O.マーフィー	S
3	横山琉人	S(減)
4	M.デムーロ	S
5	三浦皇成	S
6	津村明秀	A
7	戸崎圭太	A
8	横山和生	A
9	内田博幸	A
10	C.ルメール	A
11	吉田豊	A
12	柴田善臣	A
13	石川裕紀人	A
14	D.レーン	A
15	C.デムーロ	A
16	T.マーカンド	A
17	横山武史	A
18	横山典弘	A
19	菅原明良	A
20	吉田隼人	A
21	岩田望来	B
22	武藤雅	B
23	菊沢一樹	B
24	江田照男	B
25	石橋脩	B
	ランク外	X

●中山芝1600mの基礎データ

順位	騎手名	指数	複勝率	複回率
1	川田　将雅	291.7	64.7%	97.6%
2	O.マーフィー	289.0	54.5%	125.5%
3	横山　琉人	246.0	21.4%	181.8%
4	M.デムーロ	231.4	40.3%	110.5%
5	三浦　皇成	218.6	37.5%	106.1%
6	津村　明秀	209.5	28.3%	124.6%
7	戸崎　圭太	198.9	39.3%	81.0%
8	横山　和生	196.5	30.0%	106.5%
9	内田　博幸	181.9	15.1%	136.6%
10	C.ルメール	170.6	38.8%	54.2%
11	吉田　豊	168.2	11.8%	132.8%
12	柴田　善臣	167.7	22.0%	101.7%
13	石川　裕紀人	164.5	21.3%	100.6%

両者を見比べると、1位の川田騎手、2位のマーフィー騎手、3位の横山琉騎手……13位の石川騎手まで、基礎データそのままの順位で騎手ランクになっていることがわかる。

◉騎手成績を指数化してランクを作成

それでは、騎手ランク作成の際に重視した基礎データならびに集計方法を公開する。

データ集計は次の条件で行なっている。

(1) 騎手のコース別の成績

(2) 近3年間の騎手成績

（３）コースごとに騎乗機会の少ない騎手を削除
（４）前記１～３の条件を合わせて騎手成績を集計→指数化

ひとつずつ詳しく説明していこう。

（１）騎手のコース別の成績

・コースはＪＲＡ全10競馬場の芝とダートが対象となる（障害レースは対象外）。
・芝の内回りと外回りはコース形態が異なるため、別コースとして取り扱う。中山、京都、阪神、新潟競馬場は、内回りコースと外回りコースが存在する。
・芝の距離を次の５つのカテゴリーに分類している。
直線１０００ｍ
短距離＝１１００～１４００ｍ
マイル＝１５００～１７００ｍ
中距離＝１８００～２２００ｍ
長距離＝２３００ｍ以上
・ダートの距離を次の４つのカテゴリーに分類している。
短距離＝１０００～１３００ｍ
短中距離＝１４００～１５００ｍ

中距離＝１６００～１８００m
長距離＝１９００m以上

（2）近3年間の騎手成績

・近3年間のコース別の騎手成績を集計する。理由は、それよりも短くするとサンプル数が少なくなって異常値が出やすくなるため、逆に期間を長くしすぎると昔の好成績によって上位にくる騎手が出てきてしまうため、である。よって両者のバランスを取り、近3年間の成績を対象とした。
・本書掲載の２０２３年度版の対象期間は、２０２０年1月1日～２０２２年12月31日である。
・京都競馬場は長い改修工事期間があったため、直近で開催のあった3年間で集計を行なった。京都競馬場のみ、集計期間は２０１７年11月2日～２０２０年11月1日となる。

（3）コースごとに騎乗機会の少ない騎手を削除

・単勝万馬券1回だけ、あるいは期間内に1回だけ騎乗して3着だった……というように、たまたまかもしれない好走が回収率や複勝率を上げているケースなど、数字に信ぴょう性のない騎手は除外する。
・具体的にいうと、そのコースにおける複勝数が5回以下の騎手は、規定数以下の扱いとして参考データにとどめている。基礎データは、複勝数6回以上となる再現性の高い騎手が対象となる。

（4）前記1～3の条件で騎手成績を集計して指数化

・これらの条件で騎手成績を集計する際、どの項目を重視するかが鍵になってくるが、【勝負ジョッキー】では騎手がどれだけ馬券に絡んだか、そしていかに馬券に貢献しているかを見極めることに重きを置いている。

よって、馬券になる確率を数字にした複勝率、穴をあけて配当アップに貢献した度合いを示す複勝回収率を採用している。

・勝率と単勝回収率にしなかった理由は、単勝にすると単勝万馬券など超高配当の影響が大きく、一度の万馬券でランク上位に入ってくる騎手が出てくるためである。

例えば２０２３年１月９日の中山３Ｒは３連単５１２万馬券の超高配当決着になり、１着の単勝配当は１万８６３０円だった。この一発だけでその後１８５回連続で４着以下に敗れたとしても、単勝回収率１００％を超えることになる。そのため、ランク付けの材料には適していないと判断したわけである。

複勝回収率であれば、このレースの１着馬の複勝配当は３７３０円で、残り36回で貯金がなくなるため、現実的な数値になる。

・複勝率と複勝回収率を見てランクを付ける。複勝回収率は１００％を超えていたら優秀と考えるのが一般的。複勝を買い続けてプラス収支になるので、これは誰もが納得できる感覚だろう。複勝率については、おおよそ3回に1回の割合で3着以内にくれば合格点を与えられるのではないだろうか。すると複勝率33・３％を超えた場合は優秀といえる。

この２つの指標を同時に評価する場合、優秀とされる数値に差があるため、【勝負ジョッキー】は次の計算式により、コース別の騎手の成績を指数化している。

複勝率×３＋複勝回収率＝指数

この計算であれば、複勝率33・３％は約１００％となり、複勝回収率１００％と同等の価値を持つことになる。

◉各ランクは原則的に指数順位によって決定

では、中山芝１６００ｍの基礎データを見ていこう。

基礎データの指数１位・川田騎手は複勝率64・７％、複勝回収率97・６％である。川田騎手の指数を計算すると「64・７×３＝１９４・１」＋「97・６」＝「２９１・７」になる。この数値が指数となり、中山芝１６００ｍではすべての騎手のなかで最も高い指数になった。よって、騎手ランクでも1位のＳランクに評価される。

基礎データの指数２位・マーフィー騎手は短期免許で来日したときの成績が優秀。短期免許ゆえに騎乗機会は少ないが、規定数の複勝６回以上を達成していたので、Ｓランクに評価した。ちなみに同騎手は、２０２２年に14カ月の騎乗停止を受けたためランクから外すことも考えたが、２０２３年２月に復帰したことにより騎手ランクに残した（２０２３年サウジカップデーで３鞍に騎乗して完全復帰）。

基礎データの指数３位・横山琉騎手は複勝率21・４％で上位騎手のなかでは複勝率が低いが、複勝回収率は１８１・８％と高く、21・４×３＋１８１・８＝指数２４６・０となるので、中山芝１６００ｍで３番目に評価できる騎手となる。

このように、複勝率が低くても穴をあけることができる騎手はランク上位になるように指数の計算式を設定した。これが、【勝負ジョッキー】でマイナー騎手の大駆けを予想できることにつながっている。

横山琉騎手のランクの注意点は、ランクがＳ（減）になっていること。（減）の表示の意味は、平場のレースに若手騎手や女性騎手が出走して斤量減になる場合のみＳランクになるということである。減量にならないレースは、1ランク評価を下げてＡランクとして扱っていただきたい。斤量減になる場合、新聞の騎手名の横に減量のマークが付くので、すぐにわかるだろう。

騎手ランクは、当該コースのベスト3の騎手がＳ評価となる。そのため、通常であれば1～3位の騎手がＳランクとなるが、中山芝１６００ｍは2位が短期免許の外国人騎手でつねに日本にいるわけではないので、Ｓランクには１人分の追加枠が用意される。

さらに、3位が（減）扱いの若手騎手。こちらもつねにＳランクになるわけではないので、もう１人分が追加になる。これにより、中山芝１６００ｍはＳランクが2人追加されて合計5人となる。

このような事情があるので、Ｓランクはまだ続く。

基礎データの指数4位・Ｍ・デムーロ騎手は外国人ではあるが、短期免許ではなく通年免許なので、日本人と同じ扱いとなる。複勝率は40%、複勝回収率は１１０%を超えているため、中山芝１６００ｍが得意な騎手とみて間違いない。4位ではあるものの、Ｓランクに評価するにふさわしい騎手である。

基礎データの指数5位・三浦皇成騎手も複勝率と複勝回収率において高いレベルでバランスが取れており、Ｓランクに評価できる。これにて5人分がそろったので、中山芝１６００ｍのＳランクの騎手が確定する。

中山芝１６００ｍは、基礎データの13位まで指数そのままにランク付けできる成績なので、指数６位の津村騎手から13位の石川裕騎手までをＡランクとした。

◉短期免許の外国人騎手には例外的措置を

短期免許で来日する外国人騎手のレーン騎手が14位、Ｃ・デムーロ騎手が15位でそれぞれＡランクに評価されているのは、次のような事情による。

レーン騎手の期間内のコース成績は、複勝率75・０％、複勝回収率２００・０％。ルール通りに指数を出すと４２５で、中山芝１６００ｍで全体1位となる。ただしこれは、４回騎乗して３回が馬券圏内という内容。複勝数が６回に満たないサンプル数不足の結果であり、本来なら対象外という扱いとなる。

とはいえ、４回騎乗して３回が３着以内というのは驚異的であり、ルール上規定に達していないからといって、杓子定規に判断するのはいささか強引といわざるを得ない。短期免許で騎乗してきたら無視できない好成績であることは明らかなので、例外的にＡランクに評価する措置を取った。

この扱いは、Ｃ・デムーロ騎手についても同じ。両者の成績は参考データとして掲載したので、ご確認いただきたい。

なお、コースによってはサンプル数の問題や順位が上位でも指数が低すぎるなどの理由により、基礎データの順位通りにはせず、別のデータを使って騎手ランクを決め

●中山芝 1600 ｍの基礎データ
（規定数以下の注目騎手）

順位	騎手名	指数	複勝率	複回率
－	D. レーン	425.0	75.0%	200.0%
－	C. デムーロ	240.0	50.0%	90.0%

ることもある。

例えば、長距離戦は施行レース数が少ないことから、そのような措置を取りやすい傾向にあるが、ここで紹介した指数を騎手ランク決定の材料として重視していることに変わりはない。また、この指数は騎手ランクを決めるときに使うのが目的であり、指数自体を表に出すことはないため、とくに指数に名前は付けていない。

◉複勝ベースのランクゆえに3連勝馬券を推奨

以上が、【勝負ジョッキー】の屋台骨を支える騎手ランクの作成基準となる。

この説明によって、単複や2連勝馬券ではなく、3連勝馬券をメインに勝負する理由がおわかりいただけたのではないだろうか。

重視しているのはコース別の複勝率と複勝回収率。つまり、その騎手が3着以内に入った事実に注目しているわけだ。その成績を予想（馬券）に落とし込むと、おのずとターゲットは3連系の馬券になる。

そして、買い目ルールに3連単フォーメーションを2パターン用意しているのも、騎手の馬券圏内（3着以内好走）を強く意識しているから。勝率や単勝回収率ではなく、複勝率や複勝回収率を基準にすることで、アタマ狙い一本ではなく、軸馬◎○が2着に敗れても的中を拾えることを目指している。

また、二桁人気の穴馬が勝つケースは非常に少ないが、2～3着であれば絡むチャンスは大きく広がる。これらを総合的に考慮し、高配当を狙うのなら3連単のフォーメーション、買い目の点数を抑えて勝負するのなら3連複、という買い方を推奨することにしたのだ。

ここでひとつ強調しておきたいのは、私は「3連勝馬券のみで勝負すべきといっているわけではない」ということ。あくまで推奨であって、断じてマストではない。単複や2連勝馬券を否定しているわけではないので、そこは誤解しないでいただきたい。

馬券に対する考え方、競馬の楽しみ方、求める的中率と回収率のバランス、そしてフトコロ事情。これらは多種多様にして千差万別である。予想のシルシを打ったあと、どんな馬券で勝負してもらっても構わない。単複派は◎の単複を買えばいいし、馬連派は◎流し、もしくは◎○を1頭目に置いたフォーメーション等で勝負すればいい。

実際、本書の編集スタッフYさんは、さまざまな事情により馬単で勝負するスタイルを選択し、そのうえで成功を収めている（詳細は第4章を参照）。このように、日ごろから慣れ親しんだ馬券を買っていただいてOKなのだ。

Reason7 出走馬を穴グループと人気グループに分けた理由
～1～2番人気の2頭軸強制回避ルールが高配当的中を呼ぶ～

【勝負ジョッキー】を完成させる前は、単純に騎手ランクの高い人気上位騎手から買っていたのだが、レースによっては2頭軸が1番人気と2番人気になってしまう点が気になっていた。

例えば、Sランクの川田騎手とルメール騎手が1～2番人気に騎乗するレースといえば、イメージしやすいだろう。本命党は「よしよし、頼もしい」と思うのかもしれないが、穴党にそんな思考は存在しない。「あまり買いたくない」「できればどちらかを切れないか？」と考えてしまう。ひと言、配当妙味に欠けるからだ。よって、両者が並び立たないような（1～2番人気の2頭軸にならないような）買い目ルールを再構築した。

1～2番人気は○対抗として、ヒモ荒れ狙い、もしくは押さえの役割を担ってもらい、3番人気以下から◎本命を選び、高配当を狙っていく。そのようなシステムを確立したのである。

川田騎手やルメール騎手のようなトップジョッキーは、複数の騎乗依頼から馬を選べる立場にあるので1～2番人気に乗ることが多いが、3～5番人気あたりに関しては、意外にも騎手ランクに名前の出てこないようなマイナー騎手が乗ることも珍しくない。つまり、6番人気以下の穴馬、場合によっては二桁人気の大穴馬が◎本命になるレースが明らかに増えるようになった。

そして、狙いを定めた穴馬騎乗の騎手が好プレーをくり出し、高配当を演出するシーンを何度も目の当たりにした。高配当大好きの穴党にとって、楽しみなレースが増えたことは大きな歓迎材料。これが、出走馬を穴グループと人気グループに分けた理由である。

どんなにすばらしいジョッキーでも、最高評価のSランクでも、1～2番人気の2頭軸では高配当を獲ることは難しいし、最終的に馬券で勝利することもままならない。

Reason8　高配当狙いが基本ながら、人気グループにもシルシを打つ理由

～穴から入って馬券を獲り逃す悲劇に見舞われないために～

高配当を獲るためには、3番人気以下の穴馬から◎本命を選ぶことが重要。それは間違いないのだが、競馬は軸馬だけでは完結しない。相手を正確にチョイスできて初めて、的中をたぐり寄せることができる。

ここで注意したいのは、人気薄の◎から人気薄だけに流すと、◎が馬券圏内に好走したにもかかわらず、相手が拾えずに不的中に終わるレースが多くなってしまうということ。先に触れた２０１０年日本ダービーのヴィクトワールピサのように、人気馬が絡んでも高配当になることがあるので、そういう獲り逃しを減らしていかねばならない。

そんな思いから、◎から流す相手は穴グループの△に加えて、人気グループの○と△も含めるようにルールを設定した。

近3年の1番人気の複勝率は63・8％、2番人気は同51・8％もある。これは裏を返すと、1番人気を無条件に消すとレースの6割以上は外れるということ。2番人気を切っても、5割以上が外れる。このことから、1～2番人気のどちらかを押さえの○軸馬にして、もう一方を流す相手の△にすることが馬券戦略として必要といえるのだ。

第1章で紹介した２０２３年ダイヤモンドSは、まさにこのルールがあったからこそ獲れたレース。2着の◎田辺騎手（13番人気）と3着の○ルメール騎手（1番人気）はすんなり買うことができるが、Xランクの西村淳騎手（2番人気）は人気グループに流すルールがなければ手を出すことはできない。そもそも東京競馬場で騎乗する機会が非常に少ないので、評価すること自体が難しい。

しかし、このレースでは3連勝中の勢いのある上がり馬（ミクソロジー）に騎乗しており、騎手が大きなヘマをしなければ、競走馬の能力で好走しそうな雰囲気だった。

もしもここで、「人気でも鞍上が信頼できない」と、西村淳騎手を切っていたらどうだろう。13番人気の田辺騎手から買っているのに、まさかのヌケで不的中という最悪の事態に陥ってしまう。そういう悲劇を起こさないために、穴グループの軸騎手に自信があれば、相手として人気グループも買っておきましょう、というのが【勝負ジョッキー】の買い目ルールなのである。

もちろん、人気グループだけでなく、騎手ランクが高評価の穴グループ騎手も△で流すため、穴グループ上位独占での50万馬券、１００万馬券という夢のような配当も狙っていける。ダイヤモンドＳの３連単12万馬券も十分な配当だが、その上も狙いながらの買い目構築であることは強調しておきたい。

実際に、ダイヤモンドＳの買い目には１００万円以上の配当の組み合わせも含まれていた。これはつまり、１００万馬券を狙いながら、結果的に12万馬券の的中に収まった、ということになるのだ。

◉一流騎手に見られるやむを得ない低評価

もうひとつ、この買い目ルールが奏功した例として、２０２２年の毎日杯（Ｐ88〜89）を取り上げる。シルシを打つまでの過程は第１章で何度もお伝えしてきたので割愛する。ランク、人気、シルシが書き込まれた新聞を掲載するので、そちらでご確認いただきたい。

なお、このレースで使用された阪神芝１８００ｍの騎手ランクは、レース施行時の２０２２年度版となっているのでご注意を。最新版のランクとは少し異なる部分があり、すでに引退した福永騎手（現調教師）は当時のＳランクとなっている。

穴グループから◎が打たれたのは、４番人気のピースオブエイトに騎乗する藤岡佑騎手（Ａランク）。

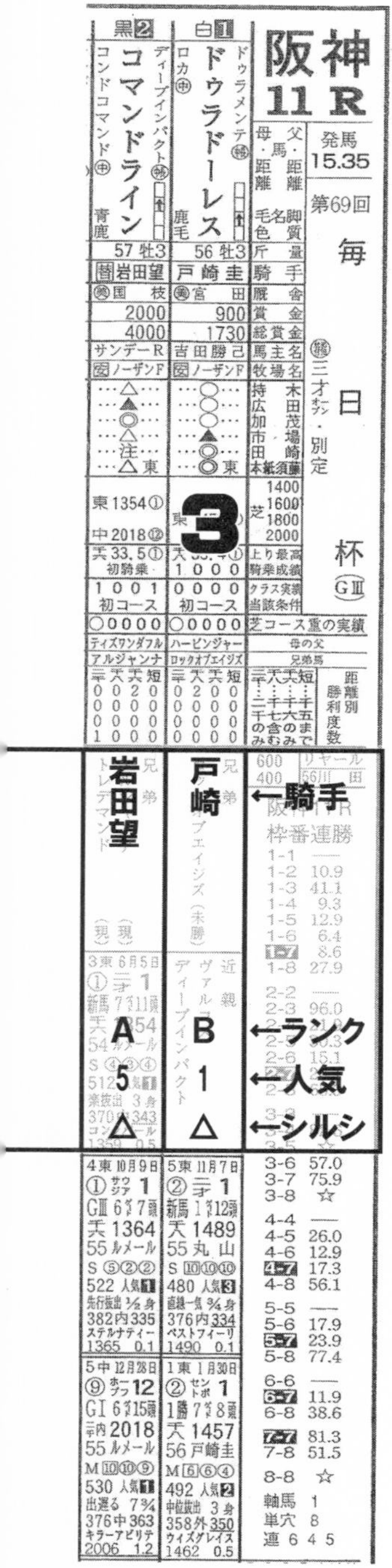

人気グループからは、2番人気のリアドに騎乗する福永騎手（Sランク）が○に選ばれる。

相手の△評価は、穴グループから5番人気の岩田望騎手、6番人気の岩田康騎手、9番人気の藤岡康騎手で、この3騎手はいずれもAランク。そして最後に、人気グループから1番人気のドゥラドーレスに騎乗する戸崎騎手（Bランク）に6番目のシルシとして△が打たれることになる。

このレースの最大のポイントは、まさにココ。戸崎騎手にシルシを回したことにある。SランクやAランクに比べると、Bランクはやや格下感があるが、そのイメージだけで軽視すると危険なことになる。人気グループの騎手は、騎手ランクの評価を問わず押さえる。これが鉄則だ。

結果的に戸崎騎手は3着となり、1番人気ということを踏まえれば物足りない内容といえるのだが、見方を変えれば、それほど得意ではない阪神芝1800mだったからこそ、取りこぼしたという考え方もできる。もちろん、3連勝馬券を獲るためには、そんな戸崎騎手でも押さえておかねばならない。

このレースの3連単の配当は12万8170円。せっかく4番人気に◎を打っているのに（しかも勝ったのに）、10頭立て9番人気の単勝万馬券という評価の低い馬（騎手）に△のシルシを回しているのに、

●2022年３月26日・阪神11Ｒ毎日杯（ＧⅢ、芝1800ｍ）

1着④ピースオブエイト
（4番人気）
◎藤岡佑介＝Ａ

2着⑦ベジャール
（9番人気）
△藤岡康太＝Ａ

3着①ドゥラドーレス
（1番人気）
△戸崎圭太＝Ｂ

単④ 650 円
複④ 190 円
⑦ 1230 円
① 130 円
馬連④ー⑦ 25370 円
馬単④→⑦ 36430 円
3連複①④⑦ 12930 円
3連単④→⑦→① 128170 円

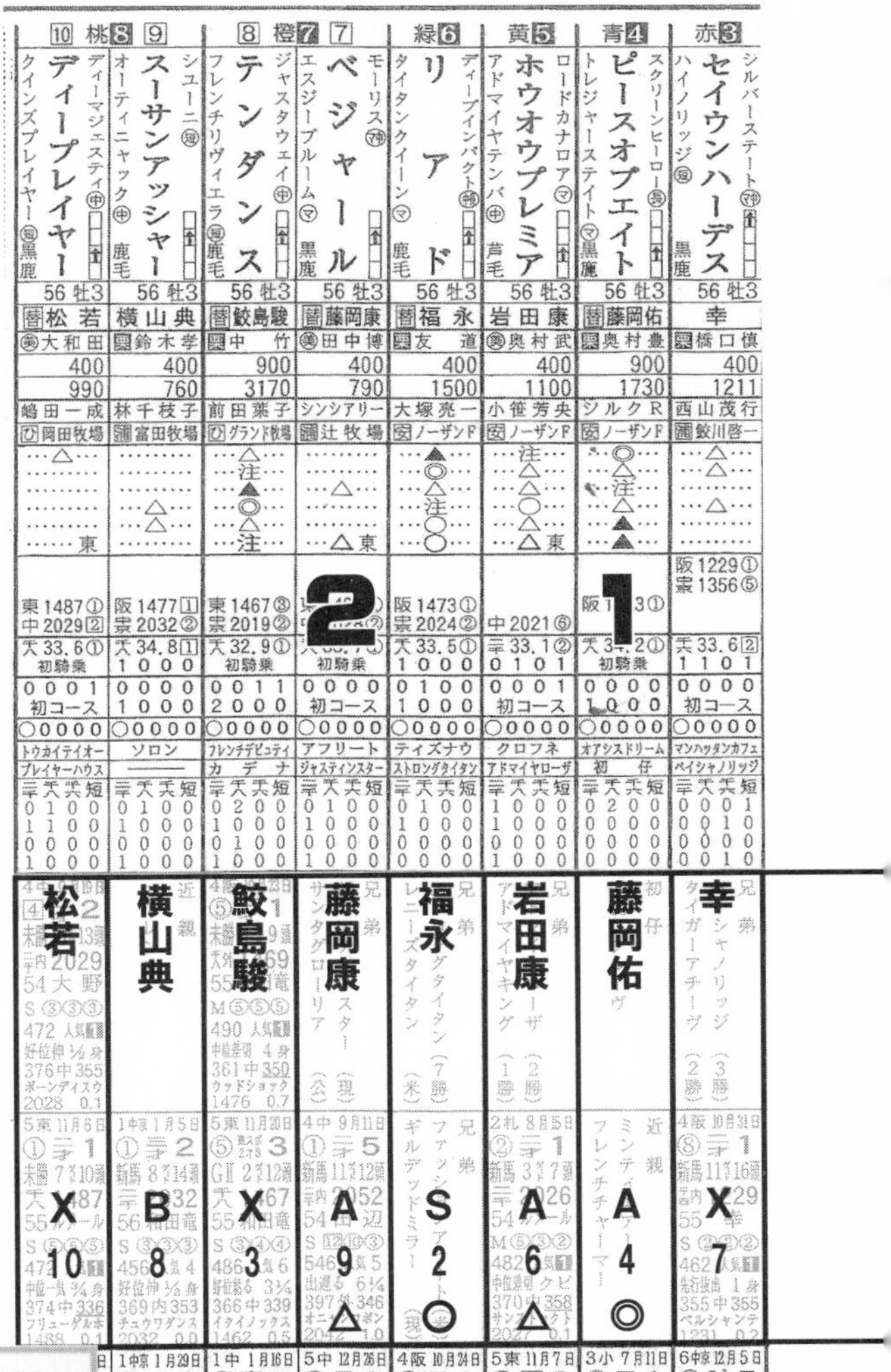

枠・馬番	赤3	青4	黄5	緑6	橙7 7	橙7 8	桃8 9	桃8 10
父	シルバーステート	スクリーンヒーロー	ロードカナロア	ディープインパクト	モーリス	ジャスタウェイ	シユーニ	ディーマジェスティ
馬名	セイウンハーデス	ピースオブエイト	ホウオウプレミア	リアド	ベジャール	テンダンス	スーサンアッシャー	ディープレイヤー
母	ハイノリッジ	トレジャーステイト	アドマイヤテンバ	タイタンクイーン	エスジープルーム	フレンチリヴィエラ	オーティニャック	クインズプレイヤー
毛色	黒鹿	黒鹿	芦毛	鹿毛	黒鹿	鹿毛	鹿毛	黒鹿
斤量・性齢	56 牡3	56 牡3	56 牡3	56 牡3	56 牡3	56 牡3	56 牡3	56 牡3
騎手	幸	替藤岡佑	岩田康	替福永	替藤岡康	替鮫島駿	横山典	替松若
調教師	栗橋口慎	栗奥村豊	美奥村武	栗友道	美田中博	栗中竹	栗鈴木孝	美大和田
賞金	400	900	400	400	400	900	400	400
総賞金	1211	1730	1100	1500	790	3170	760	990
馬主	西山茂行	シルクR	小笹芳央	大塚亮一	シンシアリー	前田葉子	林千枝子	嶋田一成
生産者	鮫川啓一	ノーザンF	ノーザンF	ノーザンF	辻牧場	グランド牧場	富田牧場	岡田牧場
着順		1			2			
騎手	幸	藤岡佑	岩田康	福永	藤岡康	鮫島駿	横山典	松若
騎手ランク	X	A	A	S	A	X	B	X
人気	7	4	6	2	9	3	8	10
印		◎	△	○	△			

３連単
12万8170円！

１０万馬券的中証明書

2022年03月26日
JRA日本中央競馬会

あなたは下記の１０万馬券を的中させましたので
ここに証明いたします。

記

2022年　2回阪神1日　11R
3連単 04→07→01　100円購入
払戻金単価　@128,170円
払戻金合計　128,170円

このコースで頼りないからと人気の戸崎騎手を切っていたら、悔やんでも悔やみきれない惨事が起こってしまう。

戸崎騎手のＢランクに対しては次のように考えることもできる。

「関東の一流騎手は、関西に遠征する機会が少なく、阪神芝１８００ｍには慣れていない。だからＢランクに甘んじている可能性が高い。よって実力不足の馬を上位に持ってくるのは難しいが、騎手本来の腕のせいで評価を落としているわけではないので、能力上位の1番人気を惨敗させるほど下手な騎乗はしないだろう。競馬は競走馬の能力を騎手がどれだけ引き出せるかの勝負。たとえ能力の5～6割程度しか引き出せなくても、馬券圏内をキープしてもおかしくない」

こんな具合だ。

我々が注目すべきは、藤岡佑騎手がこのコースなら勝ち負けになるという点と、藤岡康騎手がほぼ最下位人気の馬を連対させる可能性があるという点。このように、穴グループからどの騎手を買うかに神経を集中するのが得策なのである。

戸崎騎手については深く考えなくとも、1番人気に騎乗している時点で、流す相手として押さえてしまえばいい。このレースにおける3連単12万馬券が、その考えの正しさを裏づけてくれているといっていいだろう。

Reason9 騎手ランク表を近3年の結果を元に作成し、毎年更新する理由

～伸びゆく若手と衰えゆくベテランを同じ土俵で評価する工夫～

２０２３年2月末、多くのコースでＳランクやＡランクに評価してきた福永騎手が引退した。超一流騎手の引退は【勝負ジョッキー】的にも大きな影響を受けるが、騎手ランクを毎年更新しているため心配は要らない。福永騎手の替わりとなる騎手をＳランクやＡランクに評価したので、本書に掲載した最新年度版の騎手ランク表を活用すれば、福永騎手がいなくても問題なく馬券術を実践できる。

また、こういった有力騎手の引退と同時に新人騎手が毎年デビューするので、新しい騎手も評価する必要がある。新陳代謝が活発なのが騎手の世界。騎手ランクも毎年更新することが求められる。

本書掲載の２０２３年度版では、２０２１年デビューの横山琉人騎手が中山ダ１２００ｍや中山芝１６００ｍでＳランク、２０２１年デビューの松本大輝騎手が小倉ダ１０００ｍでＳランク、２０２２年デビューの角田大河騎手が中京短距離でＡランク、２０２２年デビューの今村聖奈騎手が中京芝１６００ｍでＡランクの評価を獲得した。

新人騎手は、減量があることで多くの騎乗依頼がある。斤量減の恩恵を活かして彼らが大駆けするレースで高配当を狙うためにも、騎手ランクの更新は欠かせない。

同じような成績のベテランと若手がいれば、斤量が軽くて伸びしろのある若手騎手を狙ったほうがいいだろう。実際に騎手ランクは、若手騎手の伸びしろの部分を考慮しながら評価している。

先ほど名前を挙げた松本騎手はまだまだマイナーな騎手だが、Ｓランク評価を得た小倉ダ１０００ｍでは侮れない。昨年（２０２２年）でいうと、1月23日の小倉３Ｒの1勝クラスを7番人気で勝って単勝２１５０円、2月5日の小倉３Ｒの未勝利を6番人気で勝って単勝２５４０円の穴をあけた。

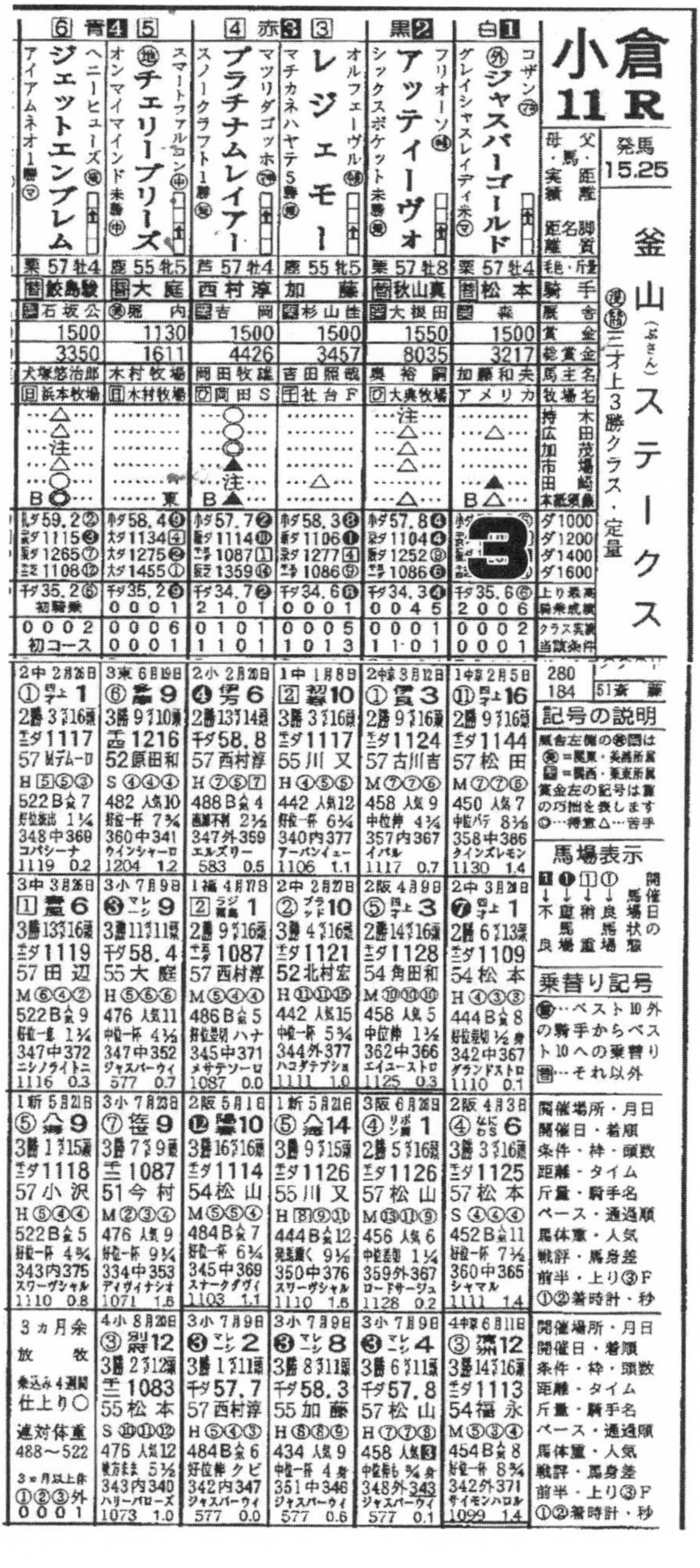

	白1 1	黒2 2	赤3 3	赤3 4	青4 5	青4 6
小倉 11R 発馬 15.25 釜山(ぷさん)ステークス 混 指 三才上3勝クラス・定量						
父・馬・母・実績 距離 距離名脚質	コザン ㊇ジャスパーゴールド グレイシャスレイディ 米	フリオーソ アッティーヴォ シックスポケット 未勝	オルフェーヴル レジェモー マチカネハヤテ 5勝	マツリダゴッホ プラチナムレイアー スノークラフト 1勝	スマートファルコン ㊞チェリーブリーズ オンマイマインド 未勝	ヘニーヒューズ ジェットエンブレム アイアムネオ 1勝
毛色・斤量	栗 57 牡4	栗 57 牡8	鹿 55 牝5	芦 57 牡4	鹿 55 牝5	栗 57 牡4
騎手	替松本	替秋山真	加藤	西村淳	替大庭	替鮫島駿
厩舎	森	大根田	杉山佳	吉岡	堀内	石坂公
賞金	1500	1550	1500	1500	1130	1500
総賞金	3217	8035	3457	4426	1611	3350
馬主名	加藤和夫	奥裕嗣	吉田照哉	岡田牧雄	木村牧場	犬塚悠治郎
牧場名	アメリカ	大典牧場	社台F	岡田S	木村牧場	浜本牧場
持木		注		○		△
広田	△	△		○		△
加茂		△		◎		注
市場		△		▲		△
田崎	▲		△	注		○
本紙須藤	B△	△		B▲	東	B◎
ダ1000 ダ1200 ダ1400 ダ1600	3	小ダ57.8④ 京ダ1104④ 阪ダ1252⑨ 中京ダ1086⑥	小ダ58.3⑧ 新ダ1106❶ 京ダ1277④ 中京ダ1086⑨	小ダ57.7❷ 阪ダ1114⑪ 中京ダ1087① 阪ダ1359⑭	小ダ58.4❾ 大ダ1134④ 大ダ1275❷ 大ダ1455①	札ダ59.2② 京ダ1115❸ 阪ダ1265⑦ 中京ダ1108⑫
上り最高 騎乗成績	千ダ35.6⑥ 2006	千ダ34.3④ 0045	千ダ34.6⑧ 0001	千ダ34.7❷ 2101	千ダ35.2❾ 0001	千ダ35.2⑥ 初騎乗
クラス実績 当該条件	0002 0001	0001 1101	0005 1013	0101 1101	0006 0001	0002 初コース
280 184 51斎藤	1中京 2月5日 ⑪ 四才上 16 2勝 9ト16頭 三ダ1144 57 松田 M⑦⑦⑥ 450 人気7 中位バテ 8 3/4 358中386 クインズレモン 1130 1.4	2中京 3月12日 ① 賞 3 2勝 9ト16頭 三ダ1124 57 古川吉 M⑦⑦⑥ 458 人気9 中位伸 4 3/4 357内367 イバル 1117 0.7	1中 1月8日 ② 翌 10 3勝 3ト16頭 三ダ1117 55 川又 H④⑤⑤ 442 人気12 好位一杯 6 3/4 340内377 アーバンイェー 1106 1.1	2小 2月20日 ❹ 男 6 2勝 13ト14頭 千ダ58.8 57 西村淳 H⑦⑤⑦ 488 B 人気4 直線不利 2 1/2 347外359 エルズリー 583 0.5	3東 6月19日 ⑥ 9 3勝 9ト10頭 西1216 52 原田和 S④④④ 482 人気10 好位一杯 7 3/4 360中341 ウインシャーロ 1204 1.2	2中 2月26日 ① 四才上 1 2勝 3ト16頭 三ダ1117 57 Mデムーロ H⑤⑤③ 522 B 人気7 好位抜出 1 1/4 348中368 コパシーナ 1119 0.2
記号の説明 厩舎左側の㊕㊞は ㊕＝関東・美浦所属 ㊞＝関西・栗東所属 賞金左の記号は重の巧拙を表します ◎…得意 △…苦手	2中 3月21日 ❼ 四才上 1 2勝 6ト13頭 三ダ1109 54 松本 H④③③ 444 B 人気8 好位差切 1/2 身 342中367 グランドストロ 1110 0.1	2阪 4月9日 ⑤ 四才上 3 2勝 14ト16頭 三ダ1128 54 角田和 M⑩⑩⑩ 458 人気5 中位伸 1 1/2 362中366 エイユーストロ 1125 0.3	2中 2月27日 ② ブラッド 10 3勝 4ト16頭 三ダ1121 52 北村宏 H⑪⑪⑮ 442 人気15 中位一杯 5 3/4 344外377 ハコダテブショ 1111 1.0	1福 4月17日 ② ラジオ福島 1 2勝 9ト16頭 中京ダ1087 57 西村淳 M⑤④④ 486 B 人気5 好位差切 ハナ 345中371 メサテソーロ 1087 0.0	3小 7月9日 ❸ マレーシ 9 3勝 11ト11頭 千ダ58.4 55 大庭 H⑤⑥⑥ 476 人気11 中位一杯 4 3/5 347中352 ジャスパーウィ 577 0.7	3中 3月26日 ① 賞 6 3勝 13ト16頭 三ダ1119 57 田辺 M⑥④② 522 B 人気9 好位一息 1 3/4 347中372 ニシノライトニ 1116 0.3
馬場表示 ❶❶①① 不重稍良 良馬重馬 場 場 開催日の馬場状態 乗替り記号 替…ベスト10外の騎手からベスト10への乗替り 替…それ以外	2阪 4月3日 ④ なにわS 6 3勝 3ト16頭 三ダ1125 57 松本 S④④④ 452 B 人気11 好位一杯 7 1/2 360中365 シャマル 1111 1.4	3阪 6月26日 ④ リボン賞 1 2勝 5ト16頭 三ダ1126 57 松山 M⑬⑪⑨ 456 人気6 中位差切 1 1/4 359外367 ロードサージュ 1128 0.2	1新 5月21日 ⑤ 14 3勝 9ト15頭 三ダ1126 55 川又 H⑧⑨⑪ 444 B 人気12 発馬悪く 9 1/2 350中376 スワーヴシャル 1110 1.6	2阪 5月1日 ⑫ 10 3勝 16ト16頭 三ダ1114 54 松山 M⑤⑤④ 484 B 人気7 好位一杯 6 3/4 345中369 スナークダヴィ 1103 1.1	3小 7月23日 ⑦ 9 3勝 7ト9頭 三1087 51 今村 M②③④ 476 人気9 好位一杯 9 3/4 334中353 ディヴィナシオ 1071 1.6	1新 5月21日 ⑤ 9 3勝 1ト15頭 三ダ1118 57 小沢 H⑤④④ 522 B 人気5 好位一杯 4 3/4 343内375 スワーヴシャル 1110 0.8
開催場所・月日 開催日・着順 条件・枠・頭数 距離・タイム 斤量・騎手名 ペース・通過順 馬体重・人気 戦評・馬身差 前半・上り③F ①②着時計・秒	4中京 6月11日 ③ 12 3勝 14ト16頭 三ダ1113 54 福永 M⑤③④ 454 B 人気8 好位一杯 8 3/4 342外371 サイモンハロル 1099 1.4	3小 7月9日 ❸ マレーシ 4 3勝 6ト11頭 千ダ57.8 57 松山 H⑦⑦⑧ 458 人気❸ 中位伸も 3/4 身 348外343 ジャスパーウィ 577 0.1	3小 7月9日 ❸ マレーシ 8 3勝 8ト11頭 千ダ58.3 55 加藤 H⑧⑧⑨ 434 人気9 中位一杯 4 身 351中346 ジャスパーウィ 577 0.6	3小 7月9日 ❸ マレーシ 2 3勝 1ト11頭 千ダ57.7 57 西村淳 H⑤④③ 484 B 人気6 好位伸 クビ 342内347 ジャスパーウィ 577 0.0	4小 8月20日 ③ 12 3勝 2ト12頭 三1083 55 松本 S⑩⑪⑫ 476 人気12 後方まま 5 1/2 343内340 ハリーバローズ 1073 1.0	3ヵ月余 放牧 乗込み4週間 仕上り○ 連対体重 488〜522 3ヵ月以上休 ①②③外 0001

これらのレースを見て小倉ダ1000mの松本騎手に注目していたのだが、夏の開催では7月9日の小倉11Rマレーシア C を4番人気ジャスパーウィンで勝ち、減量のないメインレースでも結果を出した。

その後、8月27日の小倉11R釜山Sを11番人気のジャスパーゴールドで差して3着に好走。波乱の立役者となった。

このレースは、Sランクで◎の松若騎手が4番人気のボンボンショコラで逃げ切り勝ち、押さえ△の1番人気ショウゲッコウ（中井騎手）が2着、そして松本騎手が3着という決着。3連単の配当は

●2022年8月27日・小倉11R釜山S（3勝クラス、ダ1000m）

1着⑭ボンボンショコラ
（4番人気）
松若風馬
2着⑬ショウゲッコウ
（1番人気）
中井裕二
3着①ジャスパーゴールド
（11番人気）
松本大輝

単⑭ 910円
複⑭ 390円
⑬ 200円
① 1020円
馬連⑬－⑭ 3110円
馬単⑭→⑬ 5620円
3連複①⑬⑭ 30780円
3連単⑭→⑬→① 115470円

14 桃8	13	12 橙7	11	10 緑6	9	8 黄5	7
ノーザンリバー (地)ボンボンショコラ ベネラ3勝	プリサイスエンド ショウゲッコウ スウィーブイン未勝	パイオニアオブザナイル (外)フォルツアエフ ペインテイドウーマン米	クロフネ (地)キングキャヴィア ゴールドキャヴィア公	グレイダー (外)エルズリー ミスルナ米	メイショウボーラー パワフルヒロコ パワフルリーフ1勝	キンシャサノキセキ (地)ラホーヤノキセキ エアラホーヤ1勝	キンシャサノキセキ テンテキセンセキ プレシャスドロップ1勝
黒鹿55牝5	鹿55牝5	鹿57牡7	鹿57牡5	栗55牝6	黒鹿55牝8	青鹿57牡8	黒鹿57牡5
替松若	替中井	替幸	城戸	替藤岡康	酒井	小沢	替今村
小崎	杉山佳	森	服部	吉岡	飯田雄	松永昌	松永昌
1560	1500	1500	1230	1500	1300	1150	1500
3240	5516	5545	2334	5031	5190	4567	5410
田頭勇貴	ヒダカBU	大野照旺	中西功	ノルマンディーTR	三宅勝俊	ヒダカBU	岡田牧雄
武田牧場	ヒダカF	アメリカ	カタオカS	アメリカ	丸幸小林牧場	藤原牧場	岡田S
… … … 注 △ △	▲ ◎ ○ △ △ ○	△ 注 ▲ ◎ … B△	… … … … … …	△ … △ △ … …	△ … … … ◎ …	◎ ▲ △ … … 注	… △ △ ○ … △
1	2	小ダ58.5⑥ 新ダ1106③ 東ダ1237❺ 東ダ1375⑧	船ダ1007⑫ 船ダ1127④ 浦ダ1279❺ 船ダ1430⑦	小ダ58.0❹ 阪ダ1115⑤ 名ダ1272④ ダ1576⑫	小ダ58.8④ 阪ダ1100⑤ 京ダ1244❿ ダ1088⑪	小ダ57.9② 中ダ1114① 京ダ1244❼ 名ダ1454❶	小ダ58.7❹ 京ダ1127③ 中ダ1241❸
ダ36.1① 0 0 1 1	千ダ34.7❶ 1 1 4 5	ダ35.4⑪ 初騎乗	ダ35.4❶ 0 0 0 1	千ダ34.5❹ 1 2 1 3	ダ35.4① 1 2 1 8	千ダ34.3❺ 1 0 1 2	千ダ34.7❹ 初騎乗
0 0 1 7 初コース	0 0 0 0 1 0 0 0	0 1 1 19 0 0 0 1	0 0 0 1 初コース	0 0 0 1 2 3 3 3	0 1 0 5 0 0 0 1	0 2 0 5 0 2 0 1	0 0 0 0 0 0 0 1
1東 2月6日 ④ 16 3勝15ト16頭 ダ1269 55三浦 S②②② 488 人気7 先行一杯 14身 358中384 ニュートンテソ 1246 2.3	1阪 2月19日 ③ 四才上 2 10ト16頭 ダ1126 55中井 M⑫⑬⑬ 476 人気2 後方伸 3/4身 366外360 ミラーウォーカ 1125 0.1	2東 5月7日 ⑤ 8 3勝7ト16頭 ダ1375 57武豊 S①①① 494B 人気8 逃一杯 8 3/4 358内371 サンライズウル 1360 1.5	川崎 11月12日 ⑤ 三才上 8 A2 9ト11頭 ダ54.0 57真島大 H⑦⑤⑤ 534 人気9 中位一杯 7 3/4 348外364 エンテレケイア 524 1.6	1小 2月6日 ⑧ 四才上 1 1勝6ト14頭 千ダ59.3 55藤岡康 M②②② 530 人気1 先行粘勝 クビ 353中357 アスカロン 593 0.0	1中京 1月29日 ⑨ 11 3勝13ト16頭 ダ1127 55酒井 M⑧⑥⑤ 454 人気9 好位一杯 6 3/4 350中377 メイショウミラ 1116 1.1	2中 2月27日 ② ブラッド 4 3勝15ト16頭 ダ1114 56森一 H⑥③④ 510 人気9 好位一息 2身 332中382 ハコダテブショ 1111 0.3	1阪 3月6日 ⑧ 四才上 15 2勝14ト16頭 ダ1137 55小沢 M⑫⑪⑩ 464 人気3 後方まま 10 1/2 355外382 スズカキンシャ 1119 1.8
1阪 3月20日 ⑫ 15 3勝16ト16頭 ダ1260 55藤岡佑 M①②② 486 人気11 先行バテ 17身 342中397 ケイアイドリー 1231 2.9	1阪 3月19日 ⑪ 四才上 3 2勝5ト16頭 ダ1114 55中井 M⑭⑫⑪ 470 人気2 後方伸 クビ 360中354 タマモヒメギミ 1114 0.0	3中京 5月22日 ⑥ 12 3勝15ト16頭 ダ1258 57森裕 H③⑨⑨ 498B 人気9 中位一杯 10 3/4 346外396 イバル 1239 1.9	船橋 11月30日 ② 三才上 12 A2 9ト13頭 千ダ1007 57和田譲 H⑩⑪⑪ 536 人気12 後方まま 9 3/4 358中369 キモンルビー 588 1.9	2小 2月20日 ④ 1 2勝6ト14頭 千ダ58.3 55泉谷 H⑦⑧③ 528 人気5 中位差切 クビ 345内353 アッティーヴォ 584 0.1	1阪 3月5日 ⑦ 6 3勝13ト16頭 ダ1123 55酒井 M⑤⑤④ 458 人気11 好位一杯 6 3/4 351中372 ボイラーハウス 1112 1.1	3中 3月26日 ① 7 3勝11ト16頭 ダ1120 57森一 M⑮⑪⑨ 504 人気3 S最襲く 1 1/2 354外366 ニシノライトニ 1116 0.4	2阪 4月30日 ⑪ 四才上 14 2勝1ト16頭 ダ1264 55小沢 H①①① 470 人気11 逃バテ 11 1/2 341内403 メイショウマン 1245 1.9
1新 5月21日 ⑤ 6 3勝5ト15頭 ダ1115 55角田和 H②②② 486 人気14 先行一杯 2 3/4 339中376 スワーヴシャル 1110 0.5	3中京 5月28日 ⑦ 四才上 7 2勝16ト16頭 ダ1119 55中井 M⑬⑫⑪ 480 人気3 後方差詰 4 1/4 358外361 アシタバ 1111 0.8	3阪 6月26日 ④ 花のみち 5 3勝13ト16頭 ダ1247 57松本 M④④② 496B 人気13 好位一息 1 1/2 356外374 オーヴァーネク 1244 0.3	1中京 1月29日 ⑨ 16 3勝14ト16頭 ダ1168 57城戸 M⑭⑭⑭ 524 人気16 後方まま 大差 363中405 メイショウミナ 1116 5.2	1新 5月8日 ② 12 3勝7ト16頭 千直56.0 55泉谷 H ⑭⑮ 528 人気6 後方まま 4 3/4 230－330 トキメキ 551 0.9	2阪 4月3日 ④ なにわS 4 3勝9ト16頭 ダ1121 55酒井 S④④④ 458 人気13 好位一息 5 1/4 362中359 シャマル 1111 1.0	1福 4月16日 ❶ やまびこ 8 3勝11ト16頭 ダ1083 56松本 M⑫⑪⑨ 498 人気6 後方差詰 3 3/4 352内360 ミラーウォーカ 1076 0.7	4中京 6月4日 ① 三才上 9 2勝9ト16頭 ダ1253 54角田河 S⑫⑫⑩ 468 人気13 出遅る 8 1/2 365中365 ジレトール 1239 1.4
3東 6月12日 ④ 15 3勝1ト15頭 ダ1384 55永野 M①①① 478 人気12 逃一杯 16身 343内393 ダノングリスタ 1359 2.5	3小 7月16日 ⑤ 1 2勝14ト14頭 千ダ57.8 55荻野極 H③②③ 472 人気6 先行抜出 2身 345外347 ムジック 581 0.3	2福 7月23日 ⑦ 4 3勝6ト15頭 ダ1071 54松岡 M③②③ 492B 人気8 先行一息 3身 338中361 クインズメリッ 1066 0.5	7ヵ月休 ノド手術放牧 乗込み6週間 仕上り○ 連対体重 504～536 3ヵ月以上休 ①②③外 0 0 0 0	3ヵ月半 外傷放牧 乗込み4週間 仕上り○ 連対体重 498～530 3ヵ月以上休 ①②③外 0 0 0 2	4中京 6月11日 ③ 7 3勝5ト16頭 ダ1106 53酒井 M⑤⑦⑥ 452 人気10 中位差詰 4 1/2 345中361 サイモンハロル 1099 0.7	3小 7月9日 ③ マレーシ 5 3勝2ト11頭 千ダ58.0 57小沢 H⑩⑧⑥ 498 人気5 出遅る 1 3/4 348中343 ジャスパーウイ 577 0.3	1札 7月30日 ③ おおぞら 1 2勝10ト12頭 千ダ58.9 57武豊 H⑥⑥⑥ 474 人気7 中位差切 3/4身 351中351 ムジック 590 0.1

11万５４７０円もついたが、２月の小倉開催で松本騎手がダ１０００ｍで大駆けするレースを何度も見てきたため、順当な結果に思えた。

この活躍もあり、松本騎手は２０２３年度版の騎手ランクでS評価となった。当然、今後とも要注目の存在となる。

このように若手騎手は成長が著しく、活躍できるコース数は少なくても、特定のコースを得意にすることがある。にもかかわらず、ほかのコースでの「頼りない」というイメージから買い控えるファンが多い。まさにそこに、配当妙味が生まれる。【勝負ジョッキー】の騎手ランクを知っていれば、小倉ダ１０００ｍの松本騎手のような穴騎手を積極的に狙うことができるのだ。

騎手ランク表を近3年の結果を元に作成する理由は、今現在の騎手の能力や力関係を的確に判断することができるから。１年間だけだとサンプル数が少なく、数字に偏りが出やすくなる。

一方、データ集計期間を5年以上にするとベテラン騎手（それも峠を越した騎手）がランキング上位に多く顔をのぞかせることになる。７年前に活躍していた騎手が最近も変わらず活躍を見せているのなら問題ないのだが、年を重ねて徐々に衰えていく騎手もいるため、期間を長く設定しすぎるのも芳しくない。

若手の成長とベテランの衰え。両者をバランスよく反映させることを重視したところ、近3年がベストの集計期間という結論に達した。同じような成績の騎手がいる場合は、直近の成績を重視。このような過程を経て、騎手ランク表が完成する。

以上が、騎手ランク表を近3年の結果を元に作成し、毎年更新する理由である。

第3章

2023年度版【騎手ランク表】実戦配備！

JRA10場70コース以上完全攻略

【騎手ランクに関する注意事項】

★Ｓランク→最高評価。コース成績１位～３位で、該当コースを非常に得意にしているスペシャリスト

★Ａランク→高評価。コース成績４位～15位で、該当コースを得意にしている騎手

★Ｂランク→押さえ評価。コース成績16位～20位

★Ｘランク→ランク外。表に名前のない騎手

※評価は【Ｓ＞Ａ＞Ｂ＞Ｘ】の順番で、Ｓ評価が最高ランクとなる。

●Ｓランクは原則３人（１位～３位）だが、短期免許の外国人騎手、平場で減量になる若手騎手や女性騎手が該当する場合は、Ｓランクの人数が増える。

●Ａランクは原則12人（４位～15位）だが、短期免許の外国人騎手、平場で減量になる若手騎手や女性騎手が該当する場合は、Ａランクの人数が増える。

●Ｓ（減）とは、若手騎手や女性騎手が、斤量が減量となる平場レースで騎乗する場合、Ｓランク評価になることを示す。減量にならないレース（重賞、特別戦）は、１ランク下げてＡランク評価となる。

●Ａ（減）とは、若手騎手や女性騎手が、斤量が減量となる平場レースで騎乗する場合、Ａランク評価になることを示す。減量にならないレース（重賞、特別戦）は、１ランク下げてＢランク評価となる。

東京・芝1400m

Sランク

順位	騎手名	ランク
1	岩田望来	S
2	C.ルメール	S
3	戸崎圭太	S

Aランク

順位	騎手名	ランク
4	川田将雅	A
5	M.デムーロ	A
6	杉原誠人	A
7	横山武史	A
8	D.レーン	A
9	武豊	A
10	大野拓弥	A
11	津村明秀	A
12	田辺裕信	A
13	横山和生	A
14	菅原明良	A
15	R.ムーア	A
16	永野猛蔵	A(減)
17	T.マーカンド	A
18	松山弘平	A
19	坂井瑠星	A

Bランク

順位	騎手名	ランク
20	野中悠太郎	B
21	三浦皇成	B
22	石橋脩	B
23	柴田善臣	B
24	池添謙一	B

ランク外　X

東京・芝1600m

Sランク

順位	騎手名	ランク
1	菅原明良	S
2	川田将雅	S
3	C.ルメール	S
4	D.レーン	S

Aランク

順位	騎手名	ランク
5	田辺裕信	A
6	戸崎圭太	A
7	池添謙一	A
8	津村明秀	A
9	横山武史	A
10	横山和生	A
11	野中悠太郎	A
12	R.ムーア	A
13	石橋脩	A
14	横山典弘	A
15	M.デムーロ	A
16	三浦皇成	A
17	T.マーカンド	A
18	松山弘平	A

Bランク

順位	騎手名	ランク
19	木幡巧也	B
20	嶋田純次	B
21	武豊	B
22	坂井瑠星	B
23	柴田大知	B

ランク外　X

東京・芝1800m/2000m

Sランク

順位	騎手名	ランク
1	C.ルメール	S
2	D.レーン	S
3	T.マーカンド	S
4	R.ムーア	S
5	池添謙一	S
6	岩田望来	S

Aランク

順位	騎手名	ランク
7	松山弘平	A
8	武豊	A
9	川田将雅	A
10	M.デムーロ	A
11	丸山元気	A
12	岩田康誠	A

順位	騎手名	ランク
13	石橋脩	A
14	横山武史	A
15	戸崎圭太	A
16	坂井瑠星	A
17	吉田豊	A
18	三浦皇成	A

Bランク

順位	騎手名	ランク
19	吉田隼人	B
20	田中勝春	B
21	永野猛蔵	B(減)
22	菅原明良	B
23	横山和生	B

ランク外　X

東京・芝 2300m/2400m 2500m/3400m

Sランク

順位	騎手名	ランク
1	D.レーン	S
2	C.ルメール	S
3	M.デムーロ	S
4	田辺裕信	S

Aランク

順位	騎手名	ランク
5	川田将雅	A
6	R.ムーア	A
7	戸崎圭太	A
8	吉田豊	A
9	津村明秀	A
10	三浦皇成	A
11	池添謙一	A
12	T.マーカンド	A
13	吉田隼人	A
14	武豊	A
15	柴田善臣	A
16	横山武史	A
17	菅原明良	A
18	和田竜二	A

Bランク

順位	騎手名	ランク
19	野中悠太郎	B
20	石橋脩	B
21	大野拓弥	B
22	横山和生	B
23	松岡正海	B

ランク外　X

東京・ダ1300m

Sランク

順位	騎手名	ランク
1	田辺裕信	S
2	M.デムーロ	S
3	戸崎圭太	S

Aランク

順位	騎手名	ランク
4	C.ルメール	A
5	田中勝春	A
6	内田博幸	A
7	石橋脩	A
8	津村明秀	A
9	三浦皇成	A
10	横山武史	A
11	石川裕紀人	A

順位	騎手名	ランク
12	横山典弘	A
13	松山弘平	A
14	D.レーン	A
15	川田将雅	A
16	R.ムーア	A
17	T.マーカンド	A
18	横山和生	A

Bランク

順位	騎手名	ランク
19	江田照男	B
20	北村宏司	B
21	武士沢友治	B
22	丸山元気	B
23	菅原明良	B

ランク外　X

東京・ダ1400m

Sランク

順位	騎手名	ランク
1	C.ルメール	S
2	岩田康誠	S
3	川田将雅	S
4	D.レーン	S

Aランク

順位	騎手名	ランク
5	M.デムーロ	A
6	横山和生	A
7	松山弘平	A
8	石橋脩	A
9	横山武史	A
10	丸山元気	A
11	三浦皇成	A

順位	騎手名	ランク
12	戸崎圭太	A
13	横山典弘	A
14	内田博幸	A
15	R.ムーア	A
16	武豊	A
17	T.マーカンド	A
18	石川裕紀人	A

Bランク

順位	騎手名	ランク
19	丸田恭介	B
20	坂井瑠星	B
21	吉田豊	B
22	永野猛蔵	B(減)
23	木幡巧也	B

ランク外　X

東京・ダ1600m

Sランク

順位	騎手名	ランク
1	C.ルメール	S
2	D.レーン	S
3	M.デムーロ	S
4	横山典弘	S
5	T.マーカンド	S

Aランク

順位	騎手名	ランク
6	田辺裕信	A
7	津村明秀	A
8	川田将雅	A
9	岩田望来	A
10	松山弘平	A
11	坂井瑠星	A
12	戸崎圭太	A
13	石橋脩	A
14	横山武史	A
15	三浦皇成	A
16	菅原明良	A
17	R.ムーア	A
18	横山和生	A

Bランク

順位	騎手名	ランク
19	武豊	B
20	武藤雅	B
21	永野猛蔵	B(減)
22	吉田豊	B
23	石川裕紀人	B

ランク外　X

東京・ダ2100m

Sランク

順位	騎手名	ランク
1	武豊	S
2	横山和生	S
3	C.ルメール	S
4	D.レーン	S
5	R.ムーア	S

Aランク

順位	騎手名	ランク
6	M.デムーロ	A
7	菅原明良	A
8	三浦皇成	A
9	大野拓弥	A
10	横山典弘	A
11	木幡巧也	A
12	戸崎圭太	A

順位	騎手名	ランク
13	田中勝春	A
14	田辺裕信	A
15	石橋脩	A
16	横山武史	A
17	T.マーカンド	A
18	内田博幸	A

Bランク

順位	騎手名	ランク
19	原優介	B(減)
20	武藤雅	B
21	北村宏司	B
22	石川裕紀人	B
23	吉田豊	B

ランク外　X

中山・芝1200m

Sランク

順位	騎手名	ランク
1	丸田恭介	S
2	横山武史	S
3	M.デムーロ	S

Aランク

順位	騎手名	ランク
4	C.ルメール	A
5	横山典弘	A
6	田辺裕信	A
7	横山和生	A
8	丹内祐次	A
9	木幡巧也	A
10	戸崎圭太	A
11	石川裕紀人	A
12	菅原明良	A
13	D.レーン	A
14	T.マーカンド	A
15	C.デムーロ	A
16	荻野極	A
17	岩田望来	A
18	川田将雅	A

Bランク

順位	騎手名	ランク
19	石橋脩	B
20	三浦皇成	B
21	丸山元気	B
22	大野拓弥	B
23	松山弘平	B

ランク外　X

中山・芝1600m

Sランク

順位	騎手名	ランク
1	川田将雅	S
2	O.マーフィー	S
3	横山琉人	S(減)
4	M.デムーロ	S
5	三浦皇成	S

Aランク

順位	騎手名	ランク
6	津村明秀	A
7	戸崎圭太	A
8	横山和生	A
9	内田博幸	A
10	C.ルメール	A
11	吉田豊	A
12	柴田善臣	A
13	石川裕紀人	A
14	D.レーン	A
15	C.デムーロ	A
16	T.マーカンド	A
17	横山武史	A
18	横山典弘	A
19	菅原明良	A
20	吉田隼人	A

Bランク

順位	騎手名	ランク
21	岩田望来	B
22	武藤雅	B
23	菊沢一樹	B
24	江田照男	B
25	石橋脩	B

ランク外　X

中山・芝1800m/2000m

Sランク

順位	騎手名	ランク
1	C.デムーロ	S
2	C.ルメール	S
3	菅原明良	S
4	横山武史	S

Aランク

順位	騎手名	ランク
5	川田将雅	A
6	武豊	A
7	戸崎圭太	A
8	松岡正海	A
9	田辺裕信	A
10	M.デムーロ	A
11	三浦皇成	A
12	横山和生	A
13	O.マーフィー	A
14	D.レーン	A
15	吉田隼人	A
16	坂井瑠星	A
17	和田竜二	A
18	松山弘平	A

Bランク

順位	騎手名	ランク
19	杉原誠人	B
20	武藤雅	B
21	池添謙一	B
22	横山典弘	B
23	北村宏司	B

ランク外　X

中山・芝2200m

Sランク

順位	騎手名	ランク
1	M.デムーロ	S
2	C.ルメール	S
3	横山武史	S

Aランク

順位	騎手名	ランク
4	田辺裕信	A
5	川田将雅	A
6	戸崎圭太	A
7	津村明秀	A
8	横山典弘	A
9	石橋脩	A
10	D.レーン	A
11	O.マーフィー	A
12	松岡正海	A
13	江田照男	A
14	菅原明良	A
15	坂井瑠星	A
16	C.デムーロ	A
17	横山和生	A
18	松山弘平	A

Bランク

順位	騎手名	ランク
19	岩田康誠	B
20	武豊	B
21	伊藤工真	B
22	内田博幸	B
23	三浦皇成	B

ランク外　X

中山・芝2500m/3600m

Sランク

順位	騎手名	ランク
1	横山和生	S
2	C.ルメール	S
3	田辺裕信	S
4	C.デムーロ	S

Aランク

順位	騎手名	ランク
5	戸崎圭太	A
6	横山典弘	A
7	横山武史	A
8	D.レーン	A
9	川田将雅	A
10	M.デムーロ	A
11	松山弘平	A

順位	騎手名	ランク
12	北村友一	A
13	武豊	A
14	和田竜二	A
15	池添謙一	A
16	浜中俊	A
17	菅原明良	A

Bランク

順位	騎手名	ランク
18	吉田隼人	A
19	石川裕紀人	B
20	石橋脩	B
21	津村明秀	B
22	三浦皇成	B

ランク外　X

中山・ダ1200m

Sランク

順位	騎手名	ランク
1	横山琉人	S(減)
2	田辺裕信	S
3	石橋脩	S
4	C.ルメール	S
5	O.マーフィー	S

Aランク

順位	騎手名	ランク
6	三浦皇成	A
7	横山武史	A
8	M.デムーロ	A
9	川田将雅	A
10	松山弘平	A
11	小林凌大	A(減)
12	戸崎圭太	A

順位	騎手名	ランク
13	丸山元気	A
14	柴田大知	A
15	横山典弘	A
16	津村明秀	A
17	菅原明良	A
18	T.マーカンド	A
19	江田照男	A

Bランク

順位	騎手名	ランク
20	宮崎北斗	B
21	斎藤新	B
22	武藤雅	B
23	石川裕紀人	B
24	北村宏司	B

ランク外　X

中山・ダ1800m

Sランク

順位	騎手名	ランク
1	三浦皇成	S
2	C.ルメール	S
3	田辺裕信	S
4	O.マーフィー	S

Aランク

順位	騎手名	ランク
5	戸崎圭太	A
6	M.デムーロ	A
7	石橋脩	A
8	川田将雅	A
9	横山典弘	A
10	横山武史	A
11	丸山元気	A

順位	騎手名	ランク
12	小林凌大	A(減)
13	大野拓弥	A
14	浜中俊	A
15	津村明秀	A
16	丹内祐次	A
17	T.マーカンド	A
18	菅原明良	A

Bランク

順位	騎手名	ランク
19	石川裕紀人	B
20	武豊	B
21	木幡初也	B
22	原優介	B(減)
23	北村宏司	B

ランク外　X

中山・ダ2400m

Sランク

順位	騎手名	ランク
1	戸崎圭太	S
2	丹内祐次	S
3	横山武史	S

Aランク

順位	騎手名	ランク
4	武藤雅	A
5	田中勝春	A
6	松山弘平	A
7	津村明秀	A
8	吉田豊	A
9	三浦皇成	A
10	北村宏司	A
11	横山和生	A
12	菅原明良	A
13	C.ルメール	A
14	M.デムーロ	A
15	横山琉人	A(減)
16	O.マーフィー	A
17	T.マーカンド	A
18	松岡正海	A

Bランク

順位	騎手名	ランク
19	木幡巧也	B
20	菊沢一樹	B
21	江田照男	B
22	石橋脩	B
23	和田竜二	B

ランク外　X

京都・芝1200m

Sランク

順位	騎手名	ランク
1	川田将雅	S
2	岩田望来	S
3	北村友一	S

Aランク

順位	騎手名	ランク
4	M.デムーロ	A
5	武豊	A
6	C.ルメール	A
7	藤岡佑介	A
8	丸山元気	A
9	岩田康誠	A
10	池添謙一	A
11	幸英明	A
12	藤岡康太	A

順位	騎手名	ランク
13	坂井瑠星	A
14	角田大河	A(減)
15	泉谷楓真	A(減)
16	C.デムーロ	A
17	R.ムーア	A
18	D.レーン	A
19	松山弘平	A
20	浜中俊	A

Bランク

順位	騎手名	ランク
21	和田竜二	B
22	酒井学	B
23	松田大作	B
24	松若風馬	B
25	鮫島克駿	B

ランク外　X

京都・芝1400m外

Sランク

順位	騎手名	ランク
1	松山弘平	S
2	川田将雅	S
3	C.ルメール	S

Aランク

順位	騎手名	ランク
4	M.デムーロ	A
5	浜中俊	A
6	北村友一	A
7	岩田康誠	A
8	池添謙一	A
9	藤岡佑介	A
10	和田竜二	A
11	幸英明	A

順位	騎手名	ランク
12	坂井瑠星	A
13	岩田望来	A
14	団野大成	A
15	C.デムーロ	A
16	R.ムーア	A
17	D.レーン	A
18	角田大河	A(減)
19	吉田隼人	A

Bランク

順位	騎手名	ランク
20	酒井学	B
21	古川吉洋	B
22	鮫島克駿	B
23	藤岡康太	B
24	横山典弘	B

ランク外　X

京都・芝1600m外

Sランク

順位	騎手名	ランク
1	川田将雅	S
2	北村友一	S
3	C.ルメール	S
4	R. ムーア	S

Aランク

順位	騎手名	ランク
5	岩田望来	A
6	M.デムーロ	A
7	岩田康誠	A
8	藤岡佑介	A
9	武豊	A
10	松山弘平	A
11	坂井瑠星	A

順位	騎手名	ランク
12	吉田隼人	A
13	池添謙一	A
14	鮫島克駿	A
15	C.デムーロ	A
16	D.レーン	A
17	菅原明良	A
18	横山武史	A

Bランク

順位	騎手名	ランク
19	藤岡康太	B
20	幸英明	B
21	浜中俊	B
22	横山典弘	B
23	戸崎圭太	B

ランク外　X

京都・芝1800m/2200m

Sランク

順位	騎手名	ランク
1	M.デムーロ	S
2	川田将雅	S
3	松山弘平	S
4	C. デムーロ	S

Aランク

順位	騎手名	ランク
5	武豊	A
6	C.ルメール	A
7	北村友一	A
8	藤岡佑介	A
9	浜中俊	A
10	池添謙一	A
11	岩田康誠	A

順位	騎手名	ランク
12	松若風馬	A
13	岩田望来	A
14	横山典弘	A
15	R.ムーア	A
16	D.レーン	A
17	坂井瑠星	A
18	菅原明良	A

Bランク

順位	騎手名	ランク
19	吉田隼人	B
20	和田竜二	B
21	藤岡康太	B
22	戸崎圭太	B
23	鮫島克駿	B

ランク外　X

京都・芝2000m

Sランク

順位	騎手名	ランク
1	北村友一	S
2	川田将雅	S
3	M.デムーロ	S
4	C. デムーロ	S

Aランク

順位	騎手名	ランク
5	岩田康誠	A
6	C.ルメール	A
7	幸英明	A
8	浜中俊	A
9	武豊	A
10	藤岡佑介	A
11	和田竜二	A

順位	騎手名	ランク
12	坂井瑠星	A
13	R.ムーア	A
14	D.レーン	A
15	岩田望来	A
16	松山弘平	A
17	横山武史	A
18	吉田隼人	A

Bランク

順位	騎手名	ランク
19	国分恭介	B
20	松若風馬	B
21	池添謙一	B
22	藤岡康太	B
23	戸崎圭太	B

ランク外　X

京都・芝 2400m 3000m/3200m

Sランク

順位	騎手名	ランク
1	C.ルメール	S
2	川田将雅	S
3	北村友一	S

Aランク

順位	騎手名	ランク
4	M.デムーロ	A
5	武豊	A
6	和田竜二	A
7	横山典弘	A
8	松山弘平	A
9	田辺裕信	A
10	横山和生	A
11	戸崎圭太	A
12	横山武史	A
13	岩田康誠	A
14	C.デムーロ	A
15	R.ムーア	A
16	D.レーン	A
17	吉田隼人	A
18	鮫島克駿	A

Bランク

順位	騎手名	ランク
19	池添謙一	B
20	浜中俊	B
21	岩田望来	B
22	坂井瑠星	B
23	松若風馬	B

ランク外　X

京都・ダ1200m

Sランク

順位	騎手名	ランク
1	C.ルメール	S
2	武豊	S
3	M.デムーロ	S
4	C. デムーロ	S

Aランク

順位	騎手名	ランク
5	西村淳也	A
6	坂井瑠星	A
7	藤岡康太	A
8	川須栄彦	A
9	太宰啓介	A
10	岩田望来	A
11	川田将雅	A

順位	騎手名	ランク
12	岩田康誠	A
13	松山弘平	A
14	北村友一	A
15	角田大河	A(減)
16	鮫島克駿	A
17	吉田隼人	A

Bランク

順位	騎手名	ランク
18	松若風馬	B
19	古川吉洋	B
20	和田竜二	B
21	藤岡佑介	B
22	幸英明	B

ランク外　X

京都・ダ1400m

Sランク

順位	騎手名	ランク
1	松山弘平	S
2	川田将雅	S
3	岩田康誠	S

Aランク

順位	騎手名	ランク
4	藤岡佑介	A
5	国分恭介	A
6	C.ルメール	A
7	武豊	A
8	北村友一	A
9	池添謙一	A
10	M.デムーロ	A
11	藤岡康太	A
12	浜中俊	A
13	太宰啓介	A
14	岩田望来	A
15	C.デムーロ	A
16	坂井瑠星	A

Bランク

順位	騎手名	ランク
17	西村淳也	B
18	吉田隼人	B
19	鮫島克駿	B
20	和田竜二	B
21	川須栄彦	B

ランク外　X

京都・ダ1800m

Sランク

順位	騎手名	ランク
1	川田将雅	S
2	C.ルメール	S
3	武豊	S

Aランク

順位	騎手名	ランク
4	浜中俊	A
5	横山典弘	A
6	M.デムーロ	A
7	藤岡佑介	A
8	太宰啓介	A
9	岩田康誠	A
10	幸英明	A

順位	騎手名	ランク
11	松山弘平	A
12	団野大成	A
13	岩田望来	A
14	C.デムーロ	A
15	角田大河	A(減)
16	吉田隼人	A
17	坂井瑠星	A

Bランク

順位	騎手名	ランク
18	藤岡康太	B
19	鮫島克駿	B
20	池添謙一	B
21	北村友一	B
22	和田竜二	B

ランク外　X

京都・ダ1900m

Sランク

順位	騎手名	ランク
1	藤岡佑介	S
2	C.ルメール	S
3	M.デムーロ	S

Aランク

順位	騎手名	ランク
4	浜中俊	A
5	松山弘平	A
6	武豊	A
7	北村友一	A
8	藤岡康太	A
9	和田竜二	A
10	坂井瑠星	A
11	岩田康誠	A

順位	騎手名	ランク
12	川田将雅	A
13	鮫島克駿	A
14	泉谷楓真	A(減)
15	小沢大仁	A(減)
16	角田大河	A(減)
17	C.デムーロ	A
18	吉田隼人	A
19	岩田望来	A

Bランク

順位	騎手名	ランク
20	池添謙一	B
21	幸英明	B
22	酒井学	B
23	横山典弘	B
24	松若風馬	B

ランク外　X

阪神・芝1200m/1400m

Sランク

順位	騎手名	ランク
1	坂井瑠星	S
2	川田将雅	S
3	C.デムーロ	S
4	北村友一	S

Aランク

順位	騎手名	ランク
5	C.ルメール	A
6	岩田望来	A
7	団野大成	A
8	岩田康誠	A
9	古川吉洋	A
10	角田大河	A(減)
11	武豊	A
12	松山弘平	A

順位	騎手名	ランク
13	和田竜二	A
14	D.レーン	A
15	鮫島克駿	A
16	藤岡佑介	A
17	泉谷楓真	A(減)
18	菅原明良	A
19	R.ムーア	A
20	藤岡康太	A

Bランク

順位	騎手名	ランク
21	浜中俊	B
22	菱田裕二	B
23	幸英明	B
24	M.デムーロ	B
25	池添謙一	B

ランク外　X

阪神・芝1600m

Sランク

順位	騎手名	ランク
1	川田将雅	S
2	C.ルメール	S
3	D.レーン	S
4	岩田望来	S

Aランク

順位	騎手名	ランク
5	酒井学	A
6	幸英明	A
7	秋山真一郎	A
8	池添謙一	A
9	吉田隼人	A
10	坂井瑠星	A
11	M.デムーロ	A

順位	騎手名	ランク
12	武豊	A
13	C.デムーロ	A
14	R.ムーア	A
15	戸崎圭太	A
16	横山典弘	A
17	北村友一	A
18	横山武史	A

Bランク

順位	騎手名	ランク
19	太宰啓介	B
20	松若風馬	B
21	浜中俊	B
22	松山弘平	B
23	岩田康誠	B

ランク外　X

阪神・芝1800m

Sランク

順位	騎手名	ランク
1	川田将雅	S
2	C.ルメール	S
3	岩田望来	S

Aランク

順位	騎手名	ランク
4	池添謙一	A
5	岩田康誠	A
6	北村友一	A
7	M.デムーロ	A
8	藤岡佑介	A
9	吉田隼人	A
10	坂井瑠星	A
11	C.デムーロ	A
12	秋山真一郎	A
13	藤岡康太	A
14	和田竜二	A
15	R.ムーア	A
16	D.レーン	A
17	横山典弘	A
18	横山和生	A

Bランク

順位	騎手名	ランク
19	松山弘平	B
20	武豊	B
21	浜中俊	B
22	横山武史	B
23	戸崎圭太	B

ランク外 X

阪神・芝2000m/2200m

Sランク

順位	騎手名	ランク
1	岩田康誠	S
2	川田将雅	S
3	C.デムーロ	S
4	D.レーン	S
5	M.デムーロ	S

Aランク

順位	騎手名	ランク
6	横山典弘	A
7	北村友一	A
8	池添謙一	A
9	古川奈穂	A(減)
10	松山弘平	A
11	武豊	A
12	藤岡佑介	A

順位	騎手名	ランク
13	C.ルメール	A
14	横山武史	A
15	R.ムーア	A
16	坂井瑠星	A
17	団野大成	A
18	横山和生	A
19	和田竜二	A

Bランク

順位	騎手名	ランク
20	斎藤新	B
21	吉田隼人	B
22	幸英明	B
23	岩田望来	B
24	戸崎圭太	B

ランク外　X

阪神・芝2400m/2600m

Sランク

順位	騎手名	ランク
1	C.ルメール	S
2	和田竜二	S
3	川田将雅	S

Aランク

順位	騎手名	ランク
4	武豊	A
5	藤岡康太	A
6	松山弘平	A
7	坂井瑠星	A
8	岩田望来	A
9	幸英明	A
10	田辺裕信	A

順位	騎手名	ランク
11	M.デムーロ	A
12	吉田隼人	A
13	C.デムーロ	A
14	池添謙一	A
15	D.レーン	A
16	浜中俊	A
17	横山典弘	A

Bランク

順位	騎手名	ランク
18	鮫島克駿	B
19	藤岡佑介	B
20	岩田康誠	B
21	菱田裕二	B
22	北村友一	B

ランク外　X

阪神・芝3000m/3200m

Sランク

順位	騎手名	ランク
1	和田竜二	S
2	C.ルメール	S
3	田辺裕信	S

Aランク

順位	騎手名	ランク
4	岩田望来	A
5	横山和生	A
6	横山武史	A
7	吉田隼人	A
8	川田将雅	A
9	戸崎圭太	A
10	武豊	A

順位	騎手名	ランク
11	菱田裕二	A
12	北村友一	A
13	岩田康誠	A
14	松山弘平	A
15	C.デムーロ	A
16	D.レーン	A
17	M.デムーロ	A

Bランク

順位	騎手名	ランク
18	石橋脩	B
19	鮫島克駿	B
20	藤岡康太	B
21	幸英明	B
22	藤岡佑介	B

ランク外　X

阪神・ダ1200m

Sランク

順位	騎手名	ランク
1	川田将雅	S
2	吉田隼人	S
3	C.デムーロ	S
4	北村友一	S

Aランク

順位	騎手名	ランク
5	岩田望来	A
6	古川吉洋	A
7	川須栄彦	A
8	酒井学	A
9	松山弘平	A
10	武豊	A
11	鮫島克駿	A
12	国分恭介	A
13	坂井瑠星	A
14	藤岡康太	A
15	R.ムーア	A
16	藤岡佑介	A
17	D.レーン	A
18	M.デムーロ	A

Bランク

順位	騎手名	ランク
19	森裕太朗	B
20	和田竜二	B
21	西村淳也	B
22	幸英明	B
23	浜中俊	B

ランク外　X

阪神・ダ1400m

Sランク

順位	騎手名	ランク
1	川田将雅	S
2	国分恭介	S
3	藤岡佑介	S

Aランク

順位	騎手名	ランク
4	戸崎圭太	A
5	武豊	A
6	松山弘平	A
7	坂井瑠星	A
8	岩田康誠	A
9	C.デムーロ	A
10	R.ムーア	A
11	北村友一	A

順位	騎手名	ランク
12	D.レーン	A
13	太宰啓介	A
14	池添謙一	A
15	吉田隼人	A
16	藤岡康太	A
17	鮫島克駿	A
18	C.ルメール	A

Bランク

順位	騎手名	ランク
19	和田竜二	B
20	岩田望来	B
21	三浦皇成	B
22	古川吉洋	B
23	横山典弘	B

ランク外　X

阪神・ダ1800m

Sランク

順位	騎手名	ランク
1	川田将雅	S
2	藤岡佑介	S
3	吉田隼人	S

Aランク

順位	騎手名	ランク
4	C.ルメール	A
5	武豊	A
6	松山弘平	A
7	菱田裕二	A
8	角田大河	A(減)
9	岩田望来	A
10	C.デムーロ	A
11	古川奈穂	A(減)
12	坂井瑠星	A

順位	騎手名	ランク
13	鮫島克駿	A
14	池添謙一	A
15	岩田康誠	A
16	R.ムーア	A
17	D.レーン	A
18	和田竜二	A
19	横山和生	A
20	幸英明	A

Bランク

順位	騎手名	ランク
21	横山典弘	B
22	浜中俊	B
23	団野大成	B
24	北村友一	B
25	M.デムーロ	B

ランク外　X

阪神・ダ2000m

Sランク

順位	騎手名	ランク
1	鮫島克駿	S
2	川田将雅	S
3	坂井瑠星	S

Aランク

順位	騎手名	ランク
4	松山弘平	A
5	小沢大仁	A(減)
6	武豊	A
7	岩田望来	A
8	藤岡康太	A
9	岩田康誠	A
10	藤岡康太	A
11	C.デムーロ	A
12	横山和生	A
13	酒井学	A
14	国分恭介	A
15	横山典弘	A
16	C.ルメール	A
17	泉谷楓真	A(減)
18	D.レーン	A
19	幸英明	A

Bランク

順位	騎手名	ランク
20	団野大成	B
21	和田竜二	B
22	太宰啓介	B
23	池添謙一	B
24	藤岡佑介	B

ランク外　X

中京・芝1200m/1400m

Sランク

順位	騎手名	ランク
1	M.デムーロ	S
2	川田将雅	S
3	北村友一	S

Aランク

順位	騎手名	ランク
4	浜中俊	A
5	角田大河	A(減)
6	秋山真一郎	A
7	吉田隼人	A
8	藤岡康太	A
9	岩田望来	A
10	松若風馬	A
11	池添謙一	A
12	富田暁	A

順位	騎手名	ランク
13	D.レーン	A
14	D.イーガン	A
15	B.ムルザバエフ	A
16	C.デムーロ	A
17	丸田恭介	A
18	幸英明	A
19	団野大成	A
20	横山武史	A

Bランク

順位	騎手名	ランク
21	松山弘平	B
22	武豊	B
23	菊沢一樹	B
24	坂井瑠星	B
25	C.ルメール	B

ランク外　X

中京・芝1600m

Sランク

順位	騎手名	ランク
1	岩田望来	S
2	横山典弘	S
3	川田将雅	S

Aランク

順位	騎手名	ランク
4	藤岡佑介	A
5	池添謙一	A
6	泉谷楓真	A(減)
7	富田暁	A
8	岩田康誠	A
9	鮫島克駿	A
10	今村聖奈	A(減)
11	吉田隼人	A
12	松山弘平	A
13	C.デムーロ	A
14	D.レーン	A
15	D.イーガン	A
16	横山和生	A
17	横山武史	A
18	M.デムーロ	A
19	北村友一	A
20	坂井瑠星	A

Bランク

順位	騎手名	ランク
21	武豊	B
22	田辺裕信	B
23	和田竜二	B
24	幸英明	B
25	C.ルメール	B

ランク外　X

中京・芝2000m/2200m

Sランク

順位	騎手名	ランク
1	川田将雅	S
2	藤岡佑介	S
3	C.ルメール	S

Aランク

順位	騎手名	ランク
4	和田竜二	A
5	北村友一	A
6	浜中俊	A
7	松田大作	A
8	池添謙一	A
9	坂井瑠星	A
10	武豊	A
11	横山典弘	A
12	岩田望来	A
13	M.デムーロ	A
14	D.イーガン	A
15	横山武史	A
16	C.デムーロ	A
17	D.レーン	A
18	横山和生	A

Bランク

順位	騎手名	ランク
19	松若風馬	B
20	幸英明	B
21	藤岡康太	B
22	岩田康誠	B
23	荻野極	B

ランク外　X

中京・ダ1200m

Sランク

順位	騎手名	ランク
1	藤岡康太	S
2	武豊	S
3	角田大河	S(減)
4	C.ルメール	S

Aランク

順位	騎手名	ランク
5	国分恭介	A
6	西村淳也	A
7	川須栄彦	A
8	小沢大仁	A(減)
9	松山弘平	A
10	秋山真一郎	A
11	荻野極	A
12	川田将雅	A

順位	騎手名	ランク
13	坂井瑠星	A
14	幸英明	A
15	岩田望来	A
16	D.イーガン	A
17	C.デムーロ	A
18	B.ムルザバエフ	A
19	横山典弘	A
20	M.デムーロ	A

Bランク

順位	騎手名	ランク
21	斎藤新	B
22	松若風馬	B
23	北村友一	B
24	吉田隼人	B
25	永島まなみ	B(減)

ランク外 X

中京・ダ1400m

Sランク

順位	騎手名	ランク
1	太宰啓介	S
2	川田将雅	S
3	C.ルメール	S

Aランク

順位	騎手名	ランク
4	田辺裕信	A
5	岩田望来	A
6	松山弘平	A
7	吉田隼人	A
8	和田竜二	A
9	武豊	A
10	角田大河	A(減)
11	北村友一	A
12	小崎綾也	A
13	横山典弘	A
14	高倉稜	A
15	B.ムルザバエフ	A
16	D.レーン	A
17	D.イーガン	A
18	C.デムーロ	A
19	坂井瑠星	A
20	斎藤新	A

Bランク

順位	騎手名	ランク
21	池添謙一	B
22	藤岡佑介	B
23	松田大作	B
24	横山和生	B
25	秋山真一郎	B

ランク外　X

中京・ダ1800m

Sランク

順位	騎手名	ランク
1	坂井瑠星	S
2	C.ルメール	S
3	C.デムーロ	S
4	D.レーン	S
5	武豊	S

Aランク

順位	騎手名	ランク
6	浜中俊	A
7	横山典弘	A
8	斎藤新	A
9	鮫島克駿	A
10	松山弘平	A
11	岩田望来	A
12	M.デムーロ	A
13	B.ムルザバエフ	A
14	横山武史	A
15	吉田隼人	A
16	北村友一	A
17	今村聖奈	A(減)
18	戸崎圭太	A
19	D.イーガン	A
20	川田将雅	A

Bランク

順位	騎手名	ランク
21	富田暁	B
22	団野大成	B
23	藤岡佑介	B
24	石川裕紀人	B
25	三浦皇成	B

ランク外　X

中京・ダ1900m

Sランク

順位	騎手名	ランク
1	藤岡佑介	S
2	川田将雅	S
3	C.ルメール	S

Aランク

順位	騎手名	ランク
4	武豊	A
5	富田暁	A
6	池添謙一	A
7	西村淳也	A
8	幸英明	A
9	団野大成	A
10	坂井瑠星	A
11	松山弘平	A
12	B.ムルザバエフ	A
13	D.イーガン	A
14	横山武史	A
15	C.デムーロ	A
16	岩田望来	A
17	D.レーン	A
18	田辺裕信	A
19	浜中俊	A

Bランク

順位	騎手名	ランク
20	吉田隼人	B
21	横山典弘	B
22	藤岡康太	B
23	酒井学	B
24	石川裕紀人	B

ランク外　X

新潟・芝1000m

Sランク

順位	騎手名	ランク
1	津村明秀	S
2	鮫島克駿	S
3	菅原明良	S

Aランク

順位	騎手名	ランク
4	菱田裕二	A
5	丸山元気	A
6	杉原誠人	A
7	丹内祐次	A
8	小林脩斗	A(減)
9	嶋田純次	A
10	富田暁	A

順位	騎手名	ランク
11	西村淳也	A
12	田辺裕信	A
13	川田将雅	A
14	坂井瑠星	A
15	吉田隼人	A
16	松山弘平	A

Bランク

順位	騎手名	ランク
17	菊沢一樹	B
18	永島まなみ	B(減)
19	長岡禎仁	B
20	石川裕紀人	B
21	藤田菜七子	B(減)

ランク外　X

新潟・芝1200m/1400m

Sランク

順位	騎手名	ランク
1	石橋脩	S
2	団野大成	S
3	岩田望来	S

Aランク

順位	騎手名	ランク
4	勝浦正樹	A
5	鮫島克駿	A
6	富田暁	A
7	岩田康誠	A
8	荻野極	A
9	丹内祐次	A
10	川田将雅	A

順位	騎手名	ランク
11	柴田大知	A
12	吉田隼人	A
13	戸崎圭太	A
14	菅原明良	A
15	永島まなみ	A(減)
16	M.デムーロ	A

Bランク

順位	騎手名	ランク
17	津村明秀	B
18	西村淳也	B
19	菱田裕二	B
20	三浦皇成	B
21	菊沢一樹	B

ランク外　X

新潟・芝1600m

Sランク

順位	騎手名	ランク
1	池添謙一	S
2	C.ルメール	S
3	川田将雅	S

Aランク

順位	騎手名	ランク
4	津村明秀	A
5	西村淳也	A
6	柴田大知	A
7	丸山元気	A
8	岩田望来	A
9	幸英明	A

順位	騎手名	ランク
10	三浦皇成	A
11	松山弘平	A
12	菅原明良	A
13	戸崎圭太	A
14	M.デムーロ	A
15	横山武史	A

Bランク

順位	騎手名	ランク
16	横山和生	B
17	田辺裕信	B
18	吉田隼人	B
19	菱田裕二	B
20	今村聖奈	B(減)

ランク外　X

新潟・芝1800m/2000m外

Sランク

順位	騎手名	ランク
1	M.デムーロ	S
2	鮫島克駿	S
3	川田将雅	S

Aランク

順位	騎手名	ランク
4	横山典弘	A
5	戸崎圭太	A
6	岩田望来	A
7	津村明秀	A
8	亀田温心	A
9	菅原明良	A

順位	騎手名	ランク
10	吉田隼人	A
11	団野大成	A
12	C.ルメール	A
13	横山和生	A
14	横山武史	A
15	三浦皇成	A

Bランク

順位	騎手名	ランク
16	柴田大知	B
17	荻野極	B
18	勝浦正樹	B
19	西村淳也	B
20	田辺裕信	B

ランク外　X

新潟・芝2000m内/2200m

Sランク

順位	騎手名	ランク
1	M.デムーロ	S
2	菅原明良	S
3	田辺裕信	S

Aランク

順位	騎手名	ランク
4	丹内祐次	A
5	戸崎圭太	A
6	石橋脩	A
7	三浦皇成	A
8	岩田望来	A
9	西村淳也	A

順位	騎手名	ランク
10	坂井瑠星	A
11	津村明秀	A
12	吉田隼人	A
13	松若風馬	A
14	川田将雅	A
15	横山典弘	A

Bランク

順位	騎手名	ランク
16	鮫島克駿	B
17	菱田裕二	B
18	柴田大知	B
19	丸山元気	B
20	菊沢一樹	B

ランク外　X

新潟・ダ1200m

Sランク

順位	騎手名	ランク
1	今村聖奈	S(減)
2	岩田望来	S
3	吉田豊	S
4	丸山元気	S

Aランク

順位	騎手名	ランク
5	木幡巧也	A
6	菱田裕二	A
7	吉田隼人	A
8	津村明秀	A
9	M.デムーロ	A
10	川須栄彦	A
11	団野大成	A
12	横山和生	A
13	戸崎圭太	A
14	菅原明良	A
15	川田将雅	A
16	横山琉人	A(減)
17	横山武史	A

Bランク

順位	騎手名	ランク
18	三浦皇成	B
19	鮫島克駿	B
20	坂井瑠星	B
21	武藤雅	B
22	西村淳也	B

ランク外　X

新潟・ダ1800m

Sランク

順位	騎手名	ランク
1	横山武史	S
2	坂井瑠星	S
3	秋山稔樹	S(減)
4	菱田裕二	S

Aランク

順位	騎手名	ランク
5	吉田隼人	A
6	鮫島克駿	A
7	横山和生	A
8	三浦皇成	A
9	幸英明	A
10	丸山元気	A
11	角田大和	A(減)

順位	騎手名	ランク
12	今村聖奈	A(減)
13	戸崎圭太	A
14	M.デムーロ	A
15	松山弘平	A
16	川田将雅	A
17	岩田望来	A
18	田辺裕信	A

Bランク

順位	騎手名	ランク
19	西村淳也	B
20	津村明秀	B
21	松若風馬	B
22	丸田恭介	B
23	吉田豊	B

ランク外　X

福島・芝1200m

Sランク

順位	騎手名	ランク
1	田辺裕信	S
2	木幡巧也	S
3	西村淳也	S

Aランク

順位	騎手名	ランク
4	吉田隼人	A
5	富田暁	A
6	戸崎圭太	A
7	M.デムーロ	A
8	丸田恭介	A
9	三浦皇成	A
10	丹内祐次	A

順位	騎手名	ランク
11	石橋脩	A
12	武藤雅	A
13	鮫島克駿	A
14	菅原明良	A
15	松本大輝	A(減)
16	横山和生	A

Bランク

順位	騎手名	ランク
17	酒井学	B
18	亀田温心	B
19	松岡正海	B
20	嶋田純次	B
21	丸山元気	B

ランク外　X

福島・芝1800m/2000m

Sランク

順位	騎手名	ランク
1	柴田大知	S
2	戸崎圭太	S
3	角田大和	S(減)
4	横山和生	S

Aランク

順位	騎手名	ランク
5	荻野極	A
6	三浦皇成	A
7	団野大成	A
8	丸山元気	A
9	西村淳也	A
10	勝浦正樹	A

順位	騎手名	ランク
11	吉田隼人	A
12	M.デムーロ	A
13	菅原明良	A
14	横山武史	A
15	内田博幸	A
16	田辺裕信	A

Bランク

順位	騎手名	ランク
17	津村明秀	B
18	丸田恭介	B
19	丹内祐次	B
20	石橋脩	B
21	鮫島克駿	B

ランク外　X

福島・芝2600m

Sランク

順位	騎手名	ランク
1	吉田隼人	S
2	菅原明良	S
3	田辺裕信	S

Aランク

順位	騎手名	ランク
4	石橋脩	A
5	三浦皇成	A
6	鮫島克駿	A
7	団野大成	A
8	武藤雅	A
9	津村明秀	A
10	菱田裕二	A

順位	騎手名	ランク
11	M.デムーロ	A
12	横山武史	A
13	横山和生	A
14	荻野極	A
15	角田大和	A(減)
16	戸崎圭太	A

Bランク

順位	騎手名	ランク
17	西村淳也	B
18	丹内祐次	B
19	丸山元気	B
20	田中勝春	B
21	木幡巧也	B

ランク外　X

福島・ダ1150m

Sランク

順位	騎手名	ランク
1	田辺裕信	S
2	菱田裕二	S
3	角田大和	S(減)
4	津村明秀	S

Aランク

順位	騎手名	ランク
5	菊沢一樹	A
6	松本大輝	A(減)
7	斎藤新	A
8	戸崎圭太	A
9	菅原明良	A
10	吉田隼人	A
11	秋山稔樹	A(減)
12	丹内祐次	A

順位	騎手名	ランク
13	木幡巧也	A
14	永島まなみ	A(減)
15	石橋脩	A
16	西村淳也	A
17	三浦皇成	A
18	M.デムーロ	A
19	横山武史	A

Bランク

順位	騎手名	ランク
20	永野猛蔵	B(減)
21	原優介	B(減)
22	藤田菜七子	B(減)
23	横山琉人	B(減)
24	亀田温心	B

ランク外　X

福島・ダ1700m

Sランク

順位	騎手名	ランク
1	田辺裕信	S
2	戸崎圭太	S
3	三浦皇成	S

Aランク

順位	騎手名	ランク
4	鮫島克駿	A
5	松本大輝	A(減)
6	亀田温心	A
7	吉田隼人	A
8	西村淳也	A
9	M.デムーロ	A
10	菅原明良	A

順位	騎手名	ランク
11	菱田裕二	A
12	秋山稔樹	A(減)
13	石橋脩	A
14	内田博幸	A
15	横山和生	A
16	横山典弘	A
17	横山武史	A

Bランク

順位	騎手名	ランク
18	山田敬士	B
19	菊沢一樹	B
20	永野猛蔵	B(減)
21	勝浦正樹	B
22	丸山元気	B

ランク外　X

小倉・芝1200m

Sランク

順位	騎手名	ランク
1	古川吉洋	S
2	坂井瑠星	S
3	幸英明	S

Aランク

順位	騎手名	ランク
4	原田和真	A
5	川田将雅	A
6	武豊	A
7	横山武史	A
8	北村友一	A
9	岩田望来	A
10	藤岡佑介	A
11	秋山稔樹	A(減)
12	泉谷楓真	A(減)
13	藤岡康太	A
14	酒井学	A
15	B.ムルザバエフ	A
16	横山和生	A
17	団野大成	A
18	松山弘平	A

Bランク

順位	騎手名	ランク
19	西村淳也	B
20	菅原明良	B
21	鮫島克駿	B
22	丹内祐次	B
23	吉田隼人	B

ランク外　X

小倉・芝1800m/2000m

Sランク

順位	騎手名	ランク
1	川田将雅	S
2	坂井瑠星	S
3	西村淳也	S

Aランク

順位	騎手名	ランク
4	横山和生	A
5	浜中俊	A
6	菱田裕二	A
7	岩田望来	A
8	北村友一	A
9	鮫島克駿	A
10	B.ムルザバエフ	A

順位	騎手名	ランク
11	武豊	A
12	団野大成	A
13	松山弘平	A
14	吉田隼人	A
15	藤岡康太	A
16	丹内祐次	A

Bランク

順位	騎手名	ランク
17	藤岡佑介	B
18	斎藤新	B
19	松若風馬	B
20	幸英明	B
21	横山武史	B

ランク外　X

小倉・芝2600m

Sランク

順位	騎手名	ランク
1	丹内祐次	S
2	吉田隼人	S
3	藤岡佑介	S

Aランク

順位	騎手名	ランク
4	斎藤新	A
5	勝浦正樹	A
6	松若風馬	A
7	松山弘平	A
8	川田将雅	A
9	横山和生	A
10	武豊	A
11	鮫島克駿	A
12	横山武史	A
13	岩田康誠	A
14	泉谷楓真	A(減)
15	B.ムルザバエフ	A
16	坂井瑠星	A
17	団野大成	A

Bランク

順位	騎手名	ランク
18	菅原明良	B
19	浜中俊	B
20	西村淳也	B
21	和田竜二	B
22	小崎綾也	B

ランク外 X

小倉・ダ1000m

Sランク

順位	騎手名	ランク
1	幸英明	S
2	松本大輝	S(減)
3	松若風馬	S
4	団野大成	S

Aランク

順位	騎手名	ランク
5	丹内祐次	A
6	長岡禎仁	A
7	泉谷楓真	A(減)
8	藤岡康太	A
9	岩田望来	A
10	小林凌大	A(減)
11	菱田裕二	A
12	松山弘平	A
13	西村淳也	A
14	B.ムルザバエフ	A
15	小崎綾也	A
16	川田将雅	A
17	岩田康誠	A
18	坂井瑠星	A
19	横山武史	A

Bランク

順位	騎手名	ランク
20	田中健	B
21	菅原明良	B
22	小沢大仁	B(減)
23	古川吉洋	B
24	和田竜二	B

ランク外　X

小倉・ダ1700m

Sランク

順位	騎手名	ランク
1	川田将雅	S
2	浜中俊	S
3	北村友一	S

Aランク

順位	騎手名	ランク
4	武豊	A
5	藤岡佑介	A
6	菱田裕二	A
7	藤岡康太	A
8	森裕太朗	A
9	吉田隼人	A
10	団野大成	A
11	鮫島克駿	A
12	横山武史	A
13	松山弘平	A
14	岩田望来	A
15	泉谷楓真	A(減)
16	B.ムルザバエフ	A
17	今村聖奈	A(減)
18	富田暁	A

Bランク

順位	騎手名	ランク
19	角田大和	B(減)
20	小沢大仁	B(減)
21	幸英明	B
22	横山和生	B
23	和田竜二	B

ランク外　X

札幌・芝1200m

Sランク

順位	騎手名	ランク
1	横山武史	S
2	C.ルメール	S
3	武豊	S

Aランク

順位	騎手名	ランク
4	亀田温心	A
5	藤岡佑介	A
6	大野拓弥	A
7	鮫島克駿	A
8	菱田裕二	A
9	横山和生	A
10	勝浦正樹	A
11	丹内祐次	A
12	吉田隼人	A
13	池添謙一	A
14	浜中俊	A
15	川田将雅	A

Bランク

順位	騎手名	ランク
16	田辺裕信	B
17	和田竜二	B
18	団野大成	B
19	M.デムーロ	B
20	坂井瑠星	B

ランク外　X

札幌・芝1500m

Sランク

順位	騎手名	ランク
1	丹内祐次	S
2	横山武史	S
3	団野大成	S

Aランク

順位	騎手名	ランク
4	菱田裕二	A
5	C.ルメール	A
6	大野拓弥	A
7	武豊	A
8	横山和生	A
9	吉田隼人	A
10	藤岡佑介	A
11	池添謙一	A
12	斎藤新	A
13	泉谷楓真	A(減)
14	浜中俊	A
15	坂井瑠星	A
16	横山典弘	A

Bランク

順位	騎手名	ランク
17	川田将雅	B
18	田辺裕信	B
19	丸山元気	B
20	秋山稔樹	B(減)
21	石川裕紀人	B

ランク外　X

札幌・芝1800m/2000m

Sランク

順位	騎手名	ランク
1	大野拓弥	S
2	C.ルメール	S
3	吉田隼人	S

Aランク

順位	騎手名	ランク
4	鮫島克駿	A
5	斎藤新	A
6	勝浦正樹	A
7	池添謙一	A
8	亀田温心	A
9	武豊	A
10	横山武史	A

順位	騎手名	ランク
11	坂井瑠星	A
12	横山和生	A
13	藤岡佑介	A
14	秋山稔樹	A(減)
15	川田将雅	A
16	M.デムーロ	A

Bランク

順位	騎手名	ランク
17	浜中俊	B
18	横山典弘	B
19	丹内祐次	B
20	団野大成	B
21	古川吉洋	B

ランク外　X

札幌・ダ1000m

Sランク

順位	騎手名	ランク
1	横山和生	S
2	池添謙一	S
3	小沢大仁	S(減)
4	角田大和	S(減)
5	吉田隼人	S

Aランク

順位	騎手名	ランク
6	菱田裕二	A
7	武豊	A
8	横山武史	A
9	鮫島克駿	A
10	秋山稔樹	A(減)
11	団野大成	A
12	丹内祐次	A

順位	騎手名	ランク
13	藤岡佑介	A
14	丸山元気	A
15	横山琉人	A(減)
16	坂井瑠星	A
17	岩田康誠	A
18	大野拓弥	A
19	C.ルメール	A

Bランク

順位	騎手名	ランク
20	泉谷楓真	B(減)
21	小林凌大	B(減)
22	松田大作	B
23	勝浦正樹	B
24	石川裕紀人	B

ランク外　X

札幌・ダ1700m

Sランク

順位	騎手名	ランク
1	丹内祐次	S
2	横山和生	S
3	武豊	S

Aランク

順位	騎手名	ランク
4	横山典弘	A
5	大野拓弥	A
6	池添謙一	A
7	C.ルメール	A
8	勝浦正樹	A
9	菊沢一樹	A
10	横山武史	A

順位	騎手名	ランク
11	角田大和	A(減)
12	団野大成	A
13	坂井瑠星	A
14	菱田裕二	A
15	藤岡佑介	A
16	横山琉人	A(減)
17	石川裕紀人	A

Bランク

順位	騎手名	ランク
18	小沢大仁	B(減)
19	小林凌大	B(減)
20	秋山稔樹	B(減)
21	鮫島克駿	B
22	吉田隼人	B

ランク外　X

函館・芝1200m

Sランク

順位	騎手名	ランク
1	武豊	S
2	鮫島克駿	S
3	横山武史	S

Aランク

順位	騎手名	ランク
4	大野拓弥	A
5	杉原誠人	A
6	秋山稔樹	A(減)
7	坂井瑠星	A
8	C.ルメール	A
9	団野大成	A
10	藤岡佑介	A
11	丹内祐次	A
12	勝浦正樹	A
13	吉田隼人	A
14	菱田裕二	A
15	浜中俊	A
16	横山和生	A

Bランク

順位	騎手名	ランク
17	松田大作	B
18	池添謙一	B
19	岩田康誠	B
20	泉谷楓真	B(減)
21	横山琉人	B(減)

ランク外　X

函館・芝1800m/2000m

Sランク

順位	騎手名	ランク
1	武豊	S
2	浜中俊	S
3	C.ルメール	S

Aランク

順位	騎手名	ランク
4	藤岡康太	A
5	勝浦正樹	A
6	丹内祐次	A
7	横山武史	A
8	大野拓弥	A
9	吉田隼人	A
10	池添謙一	A
11	岩田康誠	A
12	藤岡佑介	A
13	横山和生	A
14	M.デムーロ	A
15	鮫島克駿	A

Bランク

順位	騎手名	ランク
16	荻野琢真	B
17	菱田裕二	B
18	角田大和	B(減)
19	泉谷楓真	B(減)
20	古川吉洋	B

ランク外 X

函館・芝2600m

Sランク

順位	騎手名	ランク
1	丹内祐次	S
2	大野拓弥	S
3	C.ルメール	S

Aランク

順位	騎手名	ランク
4	亀田温心	A
5	古川吉洋	A
6	藤岡佑介	A
7	岩田康誠	A
8	浜中俊	A
9	横山武史	A
10	横山和生	A
11	武豊	A
12	吉田隼人	A
13	坂井瑠星	A
14	団野大成	A
15	鮫島克駿	A

Bランク

順位	騎手名	ランク
16	池添謙一	B
17	角田大和	B(減)
18	松田大作	B
19	秋山稔樹	B(減)
20	菱田裕二	B

ランク外　X

函館・ダ1000m

Sランク

順位	騎手名	ランク
1	横山武史	S
2	藤岡佑介	S
3	団野大成	S

Aランク

順位	騎手名	ランク
4	泉谷楓真	A(減)
5	黛弘人	A
6	池添謙一	A
7	吉田隼人	A
8	岩田康誠	A
9	鮫島克駿	A
10	丹内祐次	A
11	小林凌大	A(減)
12	C.ルメール	A
13	横山和生	A
14	大野拓弥	A
15	藤岡康太	A
16	坂井瑠星	A
17	横山琉人	A(減)
18	武豊	A

Bランク

順位	騎手名	ランク
19	秋山稔樹	B(減)
20	亀田温心	B
21	勝浦正樹	B
22	浜中俊	B
23	角田大和	B(減)

ランク外　X

函館・ダ1700m

Sランク

順位	騎手名	ランク
1	吉田隼人	S
2	藤岡佑介	S
3	横山和生	S

Aランク

順位	騎手名	ランク
4	坂井瑠星	A
5	水口優也	A
6	斎藤新	A
7	丸山元気	A
8	菱田裕二	A
9	丹内祐次	A
10	C. ルメール	A

順位	騎手名	ランク
11	横山武史	A
12	武豊	A
13	団野大成	A
14	泉谷楓真	A(減)
15	池添謙一	A
16	岩田康誠	A

Bランク

順位	騎手名	ランク
17	大野拓弥	A
18	小林凌大	B(減)
19	浜中俊	B
20	鮫島克駿	B
21	藤岡康太	B

ランク外　X

御池善太郎の勝負予想のご案内

【御池善太郎の公式サイト】

御池善太郎が「馬券術 勝負ジョッキー」を駆使して勝負予想を行ないます。

勝負予想は土曜分と日曜分の週2回の公開。勝負レースを厳選して1週間8レース分（1日4レース分×土・日曜）を、開催日の早朝までに更新。予想の印◎○△、推奨買い目（馬単、3連複、3連単）、推奨馬の見解を公開します。

その他、無料で読める「日曜の重賞対談」も人気のコンテンツです。公式サイトは「note の御池善太郎ページ（下記URL）」になります、是非ご覧ください。

https://note.com/oikeiba/

【競馬予想ＧＰに予想家として参戦中】

競馬予想GPは複数の著名な予想家が参加している競馬サイト、御池善太郎も予想家として活躍中。御池善太郎は「重賞予想1レース分」「勝負予想3レース分」「予想セット（重賞＋勝負）」を提供します。詳しくは下記サイトへ

http://www.keiba-gp.com/tokusyu/oike/oike.html

第4章

資金の問題もクリア！
さらに的中率もアップ

【勝負ジョッキー】
馬単アレンジ実践編

レポートby本書編集スタッフY

3連単の破壊力には敵わないが、馬単も捨てたもんじゃない

本章は**【勝負ジョッキー】**を馬単で買ってみたら……という、私こと本書編集スタッフYのアレンジ実践リポートです。

予想理論は御池式ですが、購入方法は個人的な事情（資金力不足）からオリジナルなものになっています。なので、あくまで参考ということでご覧いただければ幸いです。

第1章の「トリセツ」でもわかるように、著者・御池氏の推奨馬券は次のような3連系馬券です。改めて掲載します。

・高配当重視の3連単
◎○→◎○△△△△→◎○△△△△（40点）
◎○△△△△→◎○→◎○△△△△（40点）
・的中重視の3連複
◎○－◎○△△△△－◎○△△△△（16点）

これをすべて購入すると96点。1点１００円でも９６００円、約1万円が必要です。

超配当をターゲットとしているので、やむを得ないのかもしれませんが、気軽に手を出してみるには、

なかなか気合いの入った額です。

もう少し敷居を下げられないものかな――そう考えた末に出てきたアイデアが馬単でした。

馬単を選んだメリットは次の3点です。

・点数を絞れる

買い目は次のようになります。

◎○→◎○△△△△（10点）

△△△△→◎○（8点。1着目からは◎○をカット、ダブるので）

⇒計18点

・的中率アップ

当然の話ですが、3連系の馬券よりは当たりやすくなります。

◎○→◎○△△△→（3着目）◎○△△△、◎○△△△→◎○→（3着目）◎○△△△ともに、3着に違う馬が飛び込んだら外れですが、馬単ではまったく関係ないのですから。

・そこそこの破壊力がある

穴馬→人気馬の順で入れば、馬単でも万馬券になることは珍しくはありません。おそらくですが、3連単で10万超の配当なら、馬単でも万馬券レベルにあると思います。

馬単ではなく馬連でもいいじゃないか、という人もいるでしょう。確かにそうです、馬連でも構いません。1点の購入額を、馬単100円なら馬連200円にするとかでもいいのです。

私の場合、まず穴党なので万馬券を獲りたい。だから馬単を選んだという次第です。「人気馬→穴馬」という着順より、「穴馬→人気馬」の着順に期待しているので、馬単のウラも押さえるわけです。

馬単2万、3連単12万のダイヤモンドS

馬単の実践を始めたのは、本書の制作に入った2023年2月下旬。そしていきなり、馬単2万馬券が的中しました。

2月18日、東京11RダイヤモンドS（GⅢ、芝3400m）。このレースは、第1章でも取り上げていますが、もう一度おさらいをしてみましょう。

●ダイヤモンドSの御池予想のシルシ（※御池善太郎サイト掲載。こちらは予想オッズをもとにした前日予想なので、確定オッズベースの第1章の内容と若干シルシが異なりますが、◎と○の結論は変わらないため、いずれにせよ的中）

◎⑤ヒュミドール　田辺裕信
○②シルブロン　C・ルメール
△④ミクソロジー　西村淳也

△⑧レクセランス　T・バジュロ
△⑨ヴェローチェオロ　戸崎圭太
△⑪スタッドリー　J・モレイラ

3連単の買い目は次の2通りです。

・②⑤→②④⑤⑧⑨⑪→②④⑤⑧⑨⑪
・②④⑤⑧⑨⑪→②⑤→②④⑤⑧⑨⑪

●ダイヤモンドSの結果

1着△④ミクソロジー（2番人気）
2着◎⑤ヒュミドール（13番人気）
3着◯②シルブロン（1番人気）
馬連1万8950円　馬単2万6040円
3連複1万7300円　3連単12万1000円

御池の推奨3連単で12万馬券が的中、押さえの3連複まで含めると13万超の払い戻しです。

でも、それに比べれば地味ですが、馬単だって2万超の払い戻しです（右の的中証明参照）。

もっともこの場合、馬連も万馬券なので、馬単100円より馬連200円のほうが結果的

万馬券的中証明書

[redacted]

2023年02月18日
JRA日本中央競馬会

あなたは下記の万馬券を的中させましたので
ここに証明いたします。

記

2023年　1回東京7日　11R
馬単　04→05　100円購入
払戻金単価　@26,040円
払戻金合計　26,040円

003	東京	土	11R	馬単 フォーメーション	1着：02,05 2着：02,04,05,08,09,11	各 100円 計1,000円	–	–	0円
004	東京	土	11R	馬単 フォーメーション	1着：04,08,09,11 2着：02,05	各100円 計800円	04→05	26,040円	26,040円

には儲かりました（馬連２００円なら払い戻し3万７９００円）。ただ、１、2着はアタマ差。もし⑤ヒュミドールが1着なら5万６４３０円の配当だったのです。

実際、インを突いたヒュミドールの伸びは際立っていて、最終的に外のミクソロジーにねじ伏せられたものの、一瞬、夢を見ました。このとき某所で10人ほどのグループで観戦していたのですが、「ヒュミドール、田辺―――！」と叫んだのは私だけ。あとで「なんで買えたんだ?」と聞かれ、「勝負ジョッキーを読め！」と返したのは、胸のすく思いでしたが……。

いずれにしても、先ほど挙げた馬単のメリット**「点数が絞れる」「そこそこの破壊力がある」**は、この一撃で示すことができたと思います。

中山記念の馬単万馬券が示すもの

前項で「点数が絞れる」「そこそこの破壊力がある」の実例を掲載しました。残るメリットは**「的中率アップ」**です。それについては、こちらのレースでご覧ください。

２０２３年2月26日、中山11R中山記念（GⅡ、芝１８００ｍ）。

こちらの御池予想は次の通りでした。

●中山記念の御池予想のシルシ（御池善太郎サイト掲載）

◎⑬ラーグルフ　菅原明良

◯⑥ソーヴァリアント　横山武史
△①ダノンザキッド　北村友一
△③イルーシヴパンサー　M・デムーロ
△⑪ヒシイグアス　松山弘平
△⑫スタニングローズ　吉田隼人

3連単の推奨買い目は次の2通りです。

・⑥⑬→①③⑥⑪⑫⑬→①③⑥⑪⑫⑬
・①③⑥⑪⑫⑬→⑥⑬→①③⑥⑪⑫⑬

これを馬単にアレンジすると、こうなります。

・⑥⑬→①③⑥⑪⑫⑬
・①③⑪⑫→⑥⑬

レースは直線、5番人気の△⑪ヒシイグアスが弾け1着。2着には外から追い込んだ◎⑬ラーグルフ（8番人気）。これにて馬単は的中です。さて3連単は……。

3着は、逃げ粘った④ドーブネ（武豊騎手、7番人気）……でした。残念ながら3連単は外れです。14頭中3頭出走していたGI馬、そして1番人気ソーヴァリアントも飛んで、3連単は12万馬券だった

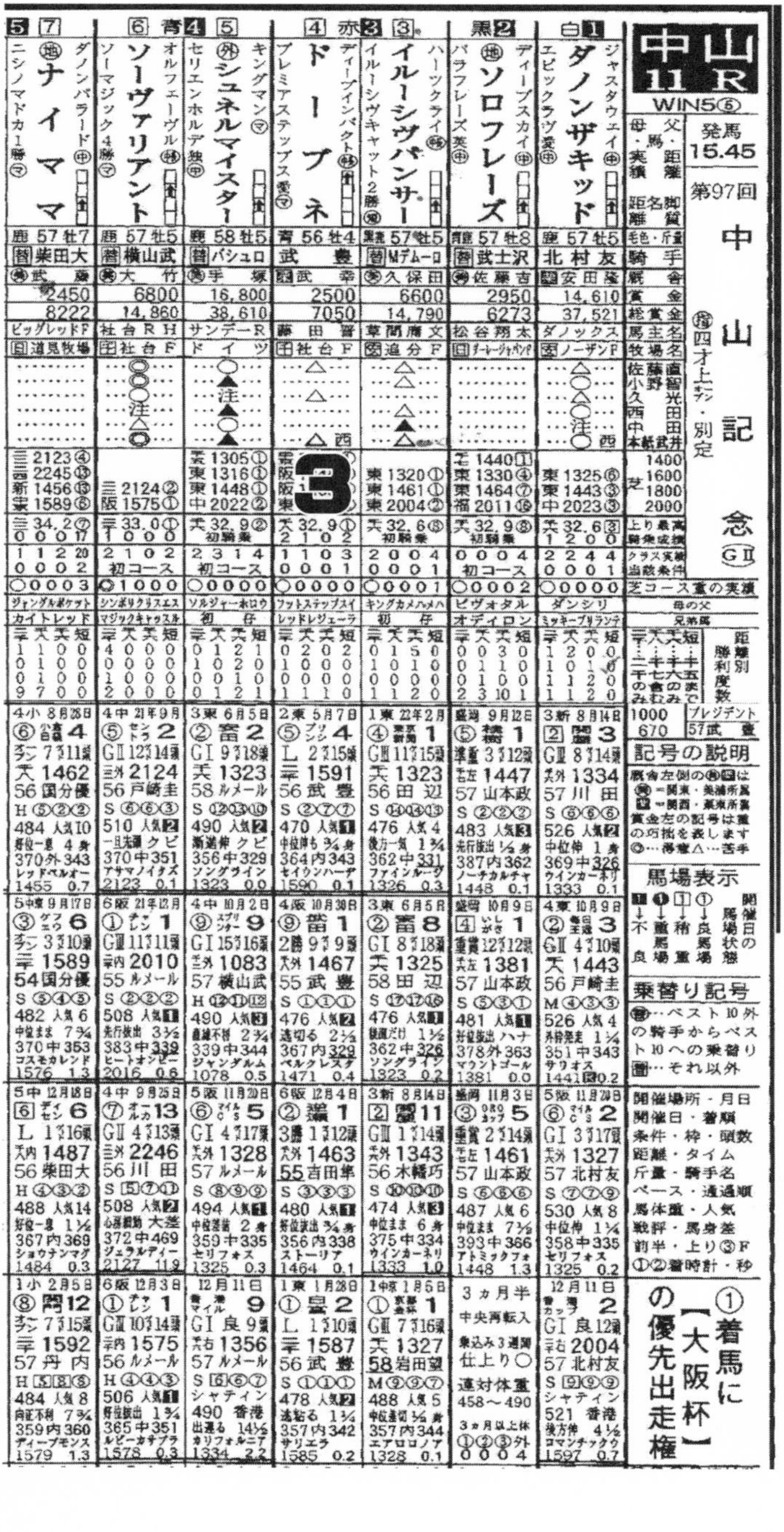

のですが。

一方、馬単は1万２８０円の万馬券でした。ただ、これも馬連５３４０円で、もし２００円買っていたら払い戻しは1万６８０円と、わずかに馬単を上回る結果に。これを見ると馬連でもいいのかもしれません……まあ参考までに。

●2023年２月26日・中山11R中山記念（ＧⅡ、芝1800m）

1着⑪ヒシイグアス
（5番人気）
△松山弘平＝Ａ

2着⑬ラーグルフ
（8番人気）
◎菅原明良＝Ｓ

3着④ドーブネ
（7番人気）
武豊＝Ａ

単⑪ 920 円
複⑪ 290 円
⑬ 430 円
④ 430 円
馬連⑪－⑬ 5340 円
馬単⑪→⑬ 10280 円
3連複④⑪⑬ 20170 円
3連単⑪→⑬→④ 129610 円

馬番	馬名	父	母	斤量・性齢	騎手	厩舎
14	リューベック	ハービンジャー	ライツェント未勝	56 牡4	田辺	須貝尚
13	ラーグルフ	モーリス	アバンドーネ未勝	56 牡4	菅原明	宗像
12	スタニングローズ	キングカメハメハ	ローザブランカ3勝	55 牝4	吉田隼	高野
11	ヒシイグアス	ハーツクライ	ラリズ重賞	57 牡7	松山	堀
10	モズベッロ	ディープブリランテ	ハーランズルビー米	57 牡7	大野	森田
9	ショウナンマグマ	ザファクター	レッドメアラス未勝	56 牡4	石橋脩	尾関
8	トーラスジェミニ	キングズベスト	エリモエトワール1勝	57 牡7	原	小桧山

馬単
1万280円!

万馬券的中証明書

[redacted]

2023年02月26日
JRA日本中央競馬会

あなたは下記の万馬券を的中させましたので
ここに証明いたします。

記

2023年　2回中山2日　11R
馬単　11→13　100円購入
払戻金単価　@10,280円
払戻金合計　10,280円

ほかにも「3連単では外れたが、馬単で的中した」ケースは結構あります。

例えば、2月18日阪神11R京都牝馬S（GⅢ、芝１４００ｍ）。こちらの御池予想のシルシはこうでした。

◎⑯ウォーターナビレラ　武豊
○⑤ララクリスティーヌ　菅原明良
△①サブライムアンセム　岩田望来
△⑥ルピナスリード　川田将雅
△⑦テンハッピーローズ　福永祐一
△⑬ウインシャーロット　石川裕紀人

3連単の推奨買い目は⑤⑯→①⑤⑥⑦⑬⑯→①⑤⑥⑦⑬⑯、①⑤⑥⑦⑬⑯→⑤⑯→①⑤⑥⑦⑬⑯の2通り。馬単では⑤⑯→①⑤⑥⑦⑬⑯、①⑥⑦⑬→⑤⑯になります。

結果は1着⑤ララクリスティーヌ（2番人気）、2着⑬ウインシャーロット（1番人気）、3着⑱ロータスランド（3番人気）。馬単１９４０円のみ的中です。ウラオモテ18点（１８００円）の購入なので、ちょびっと儲けが出ました。

同日の阪神12R（4歳上2勝クラス、ダ１４００ｍ）も取り上げておきましょう。御池予

001	阪神	土	11R	馬単 フォーメーション	1着：05,16 2着：01,05,06,07,13,16	各 100円 計1,000円	05→13	1,940円	1,940円
002	阪神	土	11R	馬単 フォーメーション	1着：01,06,07,13 2着：05,16	各100円 計800円	–	–	0円

想のシルシはこうです。

◎⑥ウラヤ　　　　　　岩田望来
○⑫サクセスローレル　池添謙一
△⑤コモレビキラリ　　Ｍ・デムーロ
△⑦ウインアウォード　岩田康誠
△⑨ケルンコンサート　松山弘平
△⑩ユイノチャッキー　吉田隼人

３連単の推奨買い目は⑥⑫→⑤⑥⑦⑨⑩⑫→⑤⑥⑦⑨⑩⑫、⑤⑥⑦⑨⑩⑫→⑥⑫→⑤⑥⑦⑨⑩⑫の２通り。馬単にアレンジすると、⑥⑫→⑤⑥⑦⑨⑩⑫、⑤⑦⑨⑩→⑥⑫になります。

結果は１着⑩ユイノチャッキー（４番人気）、２着⑥ウラヤ（３番人気）、３着⑫サクセスローレル（２番人気）。そうです、これは馬単、３連単とも的中です。

３連単は１万４３６０円と万馬券でしたが、馬単も３６８０円とまずまずの配当でした。１８００円の投資なので、回収率は２０４％超。３連単は８０００円の投資（２通りのトータル）で回収率は１８０％弱。どうです？　そう考えると悪くないでしょう。

もうひとつ、これはトリガミ（獲り損）例です。翌19日の東京11RフェブラリーＳ（ＧⅠ、

007	阪神	土	12R	馬単 フォーメーション	1着：06,12 2着：05,06,07,09,10,12	各 100円 計1,000円	－	－	0円
008	阪神	土	12R	馬単 フォーメーション	1着：05,07,09,10 2着：06,12	各100円 計800円	10→06	3,680円	3,680円

ダ1600m）です。こちらの御池予想のシルシはこうでした。

◎⑫セキフウ　M・デムーロ
〇⑦レモンポップ　坂井瑠星
△④ドライスタウト　戸崎圭太
△⑩テイエムサウスダン　C・ルメール
△⑪ソリストサンダー　菅原明良
△⑮レッドルゼル　川田将雅

3連単の推奨買い目は⑦⑫→④⑦⑩⑪⑫⑮→④⑦⑩⑪⑫⑮、④⑦⑩⑪⑫⑮→⑦⑫→④⑦⑩⑪⑫⑮。アレンジ馬単は⑦⑫→④⑦⑩⑪⑫⑮、④⑩⑪⑮→⑦⑫です。

結果は1着⑦レモンポップ（1番人気）、2着⑮レッドルゼル（3番人気）、3着⑥メイシヨウハリオ（4番人気）。3連単は3着違いで外れましたが、馬単は的中、配当は1420円でした。

GIなので少々フンパツして1点200円で購入したのですが、18倍以下の的中なのでトリガミです。

ただ、先の京都牝馬Sもそうでしたが、戻りがあるということは「ゼロより、なんぼかマシ」です。むしろ大穴を狙いながらも、こうした配当でしのげるところが馬券術【勝負ジョ

010	東京	日	11R	馬単 フォーメーション	1着：07,12 2着：04,07,10,11,12,15	各 200円 計2,000円	07→15	1,420円	2,840円
011	東京	日	11R	馬単 フォーメーション	1着：04,10,11,15 2着：07,12	各 200円 計1,600円	–	–	0円

ッキー】のバランスの取れた点ではないでしょうか。

第1章のトリセツで解説しているように、1、2番人気馬は軸かヒモに残るわけで、これが馬券術のシステム上、絶妙な効果を発揮していると私は思います。

日刊コンピを使って〝丸一日ノック〟をしてみました！

実践編のラストは、馬券術【勝負ジョッキー】の一日買いです。どこからか、「アホなことするなー」という声が聞こえてきそうですが、２０２３年版【騎手ランク表】が完成したので、無謀にもチャレンジしてみたのです。

第1章で、慣れるために数多くこなす＝千本ノックの件《くだり》がありましたが、まさにそれ。すべてのレースで【勝負ジョッキー】をしてみる。これ、本当にやりましたよー。次ページからのＰＡＴ画像をご覧ください。

決行日とルールは次の通りでした。

●馬券術【勝負ジョッキー】丸一日ノックデー…2023年3月4日（土曜日）
●対象…中山1～12R（ただし4Rの障害戦除く）、阪神1～12R
●購入馬券…これまで掲載してきたように馬単の表・裏18点（各100円で1レース1800円の購入）
●人気順のみ、リアルオッズではなく、日刊コンピ指数の順位を代用

①2023年３月４日・中山１～５Ｒ、阪神１～５Ｒ

通番	場名	曜日	レース	式別	馬／組番	購入金額	的中／返還	払戻単価
001	中山	土	1R	馬単 フォーメーション	1着：02,12 2着：02,03,04,07,12,15	各 100円 計1,000円	12→03	2,100円
002	中山	土	1R	馬単 フォーメーション	1着：03,04,07,15 2着：02,12	各100円 計800円	–	–
003	中山	土	2R	馬単 フォーメーション	1着：09,11 2着：07,08,09,11,12,16	各 100円 計1,000円	–	–
004	中山	土	2R	馬単 フォーメーション	1着：07,08,12,16 2着：09,11	各100円 計800円	–	–
005	中山	土	3R	馬単 フォーメーション	1着：12,16 2着：02,06,10,12,14,16	各 100円 計1,000円	–	–
006	中山	土	3R	馬単 フォーメーション	1着：02,06,10,14 2着：12,16	各100円 計800円	–	–
007	中山	土	5R	馬単 フォーメーション	1着：02,12 2着：02,04,09,12,13,15	各 100円 計1,000円	–	–
008	中山	土	5R	馬単 フォーメーション	1着：04,09,13,15 2着：02,12	各100円 計800円	–	–
009	阪神	土	1R	馬単 フォーメーション	1着：10,12 2着：01,04,06,08,10,12	各 100円 計1,000円	–	–
010	阪神	土	1R	馬単 フォーメーション	1着：01,04,06,08 2着：10,12	各100円 計800円	–	–
011	阪神	土	2R	馬単 フォーメーション	1着：11,12 2着：01,02,03,07,11,12	各 100円 計1,000円	–	–
012	阪神	土	2R	馬単 フォーメーション	1着：01,02,03,07 2着：11,12	各100円 計800円	–	–
013	阪神	土	3R	馬単 フォーメーション	1着：03,08 2着：03,06,08,09,11,14	各 100円 計1,000円	–	–
014	阪神	土	3R	馬単 フォーメーション	1着：06,09,11,14 2着：03,08	各100円 計800円	06→08	1,360円
015	阪神	土	4R	馬単 フォーメーション	1着：04,11 2着：04,06,07,08,09,11	各 100円 計1,000円	–	–
016	阪神	土	4R	馬単 フォーメーション	1着：06,07,08,09 2着：04,11	各100円 計800円	–	–
017	阪神	土	5R	馬単 フォーメーション	1着：07,14 2着：05,06,07,08,12,14	各 100円 計1,000円	–	–
018	阪神	土	5R	馬単 フォーメーション	1着：05,06,08,12 2着：07,14	各100円 計800円	–	–

②2023年３月４日・阪神６～12Ｒ、中山６～８Ｒ

通番	場名	曜日	レース	式別	馬／組番	購入金額	的中／返還	払戻単価
001	阪神	土	6R	馬単 フォーメーション	1着：01,05 2着：01,02,04,05,06,07	各 100円 計1,000円	－	－
002	阪神	土	6R	馬単 フォーメーション	1着：02,04,06,07 2着：01,05	各100円 計800円	－	－
003	阪神	土	7R	馬単 フォーメーション	1着：01,02 2着：01,02,03,04,07,08	各 100円 計1,000円	－	－
004	阪神	土	7R	馬単 フォーメーション	1着：03,04,07,08 2着：01,02	各100円 計800円	08→01	490円
005	阪神	土	8R	馬単 フォーメーション	1着：04,06 2着：03,04,05,06,10,13	各 100円 計1,000円	－	－
006	阪神	土	8R	馬単 フォーメーション	1着：03,05,10,13 2着：04,06	各100円 計800円	－	－
007	阪神	土	9R	馬単 フォーメーション	1着：02,04 2着：01,02,03,04,07,09	各 100円 計1,000円	04→03	640円
008	阪神	土	9R	馬単 フォーメーション	1着：01,03,07,09 2着：02,04	各100円 計800円	－	－
009	阪神	土	10R	馬単 フォーメーション	1着：01,12 2着：01,04,06,07,10,12	各 100円 計1,000円	12→07	2,850円
010	阪神	土	10R	馬単 フォーメーション	1着：04,06,07,10 2着：01,12	各100円 計800円	－	－
011	阪神	土	12R	馬単 フォーメーション	1着：01,05 2着：01,03,05,08,13,16	各 100円 計1,000円	－	－
012	阪神	土	12R	馬単 フォーメーション	1着：03,08,13,16 2着：01,05	各100円 計800円	－	－
013	阪神	土	11R	馬単 フォーメーション	1着：08,16 2着：01,05,08,10,11,16	各 100円 計1,000円	－	－
014	阪神	土	11R	馬単 フォーメーション	1着：01,05,10,11 2着：08,16	各100円 計800円	－	－
015	中山	土	6R	馬単 フォーメーション	1着：01,06 2着：01,02,04,06,10,11	各 100円 計1,000円	01→02	500円
016	中山	土	6R	馬単 フォーメーション	1着：02,04,10,11 2着：01,06	各100円 計800円	－	－
017	中山	土	7R	馬単 フォーメーション	1着：03,13 2着：03,04,10,12,13,15	各 100円 計1,000円	－	－
018	中山	土	7R	馬単 フォーメーション	1着：04,10,12,15 2着：03,13	各100円 計800円	－	－
019	中山	土	8R	馬単 フォーメーション	1着：02,09 2着：01,02,03,05,08,09	各 100円 計1,000円	09→03	1,820円
020	中山	土	8R	馬単 フォーメーション	1着：01,03,05,08 2着：02,09	各100円 計800円	－	－

③2023年３月４日・中山９～12R

021	中山	土	9R	馬単 フォーメーション	1着：09,11 2着：02,03,05,09,10,11	各 100円 計1,000円	–	–
022	中山	土	9R	馬単 フォーメーション	1着：02,03,05,10 2着：09,11	各100円 計800円	–	–
023	中山	土	10R	馬単 フォーメーション	1着：05,08 2着：04,05,08,11,12,13	各 100円 計1,000円	–	–
024	中山	土	10R	馬単 フォーメーション	1着：04,11,12,13 2着：05,08	各100円 計800円	–	–
025	中山	土	12R	馬単 フォーメーション	1着：01,12 2着：01,02,03,05,09,12	各 100円 計1,000円	–	–
026	中山	土	12R	馬単 フォーメーション	1着：02,03,05,09 2着：01,12	各100円 計800円	–	–
027	中山	土	11R	馬単 フォーメーション	1着：02,09 2着：01,02,05,06,09,11	各 100円 計1,000円	09→01	48,790円
028	中山	土	11R	馬単 フォーメーション	1着：01,05,06,11 2着：02,09	各100円 計800円	–	–

●中山芝1200mの騎手ランク表（2023年度版）

順位	騎手名	ランク
1	丸田恭介	S
2	横山武史	S
3	M. デムーロ	S
4	C. ルメール	A
5	横山典弘	A
6	田辺裕信	A
7	横山和生	A
8	丹内祐次	A
9	木幡巧也	A
10	戸崎圭太	A
11	石川裕紀人	A
12	菅原明良	A
13	D. レーン	A
14	T. マーカンド	A
15	C. デムーロ	A
16	荻野極	A
17	岩田望来	A
18	川田将雅	A
19	石橋脩	B
20	三浦皇成	B
21	丸山元気	B
22	大野拓弥	B
23	松山弘平	B
	ランク外	X

本書3章・中山の項にも掲載

●2023年３月４日・中山の日刊コンピ

馬番能力順位	1	2	3	4	5	6	7	8	9	10	11	12	13	14	15	16
1 R	③ 74	⓬ 73	② 62	⑤ 59	⑦ 58	⑬ 57	⑪ 53	⑧ 51	⑮ 50	⑨ 49	⑥ 48	⑯ 46	⑩ 43	① 42	④ 41	⑭ 40
2 R	⑫ 74	⓫ 73	⑯ 65	③ 60	⑭ 57	⑥ 56	⑦ 55	⑧ 49	⑩ 47	④ 46	① 45	⑨ 44	② 43	⑤ 42	⑬ 41	⑮ 40
3 R	⓰ 84	⑩ 76	⑫ 61	⑨ 56	⑦ 54	⑥ 53	⑮ 52	① 51	⑭ 50	② 49	⑧ 48	④ 47	③ 46	⑤ 42	⑬ 41	⑪ 40
4 R	❼ 86	⑪ 73	⑥ 64	⑬ 55	③ 54	⑨ 53	⑫ 52	⑤ 51	⑧ 50	② 49	⑩ 48	⑭ 47	④ 46	① 40		
5 R	② 73	❺ 72	⑫ 66	⑬ 62	④ 57	⑩ 55	⑭ 54	① 53	⑥ 52	⑪ 47	⑮ 46	⑨ 44	⑧ 43	⑯ 42	③ 41	⑦ 40
6 R	❶ 82	② 65	⑪ 64	④ 63	⑥ 54	⑭ 53	③ 52	⑬ 51	⑩ 50	⑦ 49	⑫ 48	⑮ 47	⑯ 46	⑤ 42	⑧ 41	⑨ 40
7 R	⓭ 77	④ 71	⑪ 64	⑨ 61	① 56	⑮ 54	⑤ 53	⑧ 52	③ 51	⑥ 50	⑫ 49	⑭ 48	⑩ 47	⑦ 46	⑯ 41	② 40
8 R	❾ 84	⑧ 70	⑩ 60	③ 56	⑤ 55	⑦ 54	⑪ 53	⑭ 52	① 51	② 50	⑮ 49	⑥ 48	⑫ 46	⑬ 42	⑯ 41	④ 40
9 R	❸ 84	⑨ 66	⑩ 62	⑪ 61	② 60	④ 53	⑥ 52	⑤ 50	⑦ 46	⑧ 41	① 40					
10 R	⑫ 74	⑧ 71	❾ 70	⑥ 58	④ 57	⑩ 56	⑮ 52	⑯ 51	② 50	③ 49	⑦ 48	⑤ 47	⑭ 46	⑬ 42	⑪ 41	① 40
11 R	⑪ 74	❾ 70	② 64	⑥ 63	⑮ 58	⑬ 57	⑯ 53	⑫ 51	⑭ 50	④ 49	⑦ 48	⑩ 47	③ 46	① 42	⑤ 41	⑧ 40
12 R	⑫ 76	❷ 72	⑧ 60	⑯ 59	③ 58	⑦ 55	① 54	⑪ 52	⑤ 51	⑩ 50	⑨ 49	⑭ 48	⑮ 47	④ 42	⑬ 41	⑥ 40

●2023年３月４日・阪神の日刊コンピ

指　数	1	2	3	4	5	6	7	8	9	10	11	12	13	14	15	16	17	18
1 R	⑫ 79	❶ 78	⑧ 61	④ 57	⑥ 56	② 55	⑩ 54	⑦ 50	⑪ 49	⑤ 46	③ 42	⑬ 41	⑨ 40					
2 R	⓫ 80	⑦ 69	⑫ 68	③ 57	① 55	⑩ 54	⑬ 53	⑧ 52	⑨ 50	⑥ 46	② 42	④ 41	⑤ 40					
3 R	⑥ 73	❽ 68	③ 59	⑪ 58	⑭ 57	① 56	⑩ 54	⑮ 53	⑦ 52	⑯ 50	⑤ 49	⑬ 48	⑫ 47	⑨ 42	④ 41	② 40		
4 R	⑥ 70	⑪ 68	❼ 65	⑩ 64	⑧ 63	④ 58	⑨ 52	⑤ 50	② 49	⑫ 46	③ 41	① 40						
5 R	⓮ 81	⑫ 64	⑰ 60	⑮ 59	⑱ 58	⑥ 55	⑩ 54	⑦ 53	⑬ 52	④ 51	⑨ 50	③ 49	⑯ 48	⑤ 44	⑪ 43	① 42	② 41	⑧ 40
6 R	❷ 79	⑤ 67	⑨ 65	⑥ 62	① 58	⑧ 53	④ 51	⑩ 50	③ 49	⑦ 48								
7 R	① 80	❽ 77	② 62	④ 60	③ 52	⑦ 49	⑤ 47	⑥ 46										
8 R	③ 72	❹ 67	⑦ 63	⑤ 62	⑪ 61	⑩ 60	⑥ 51	⑧ 50	⑮ 49	① 48	⑭ 47	② 46	⑬ 42	⑨ 41	⑫ 40			
9 R	❹ 79	③ 67	⑨ 65	① 63	② 58	⑦ 52	⑧ 49	⑥ 48	⑤ 47	⑩ 46								
10 R	❼ 78	① 72	⑩ 71	⑫ 56	⑪ 55	⑨ 54	⑭ 53	⑬ 52	⑯ 51	④ 50	⑥ 49	② 48	⑤ 47	③ 46	⑮ 41	⑧ 40		
11 R	⑧ 72	⑪ 70	⓱ 68	③ 61	⑩ 56	② 54	⑤ 53	⑬ 52	⑨ 51	⑯ 48	⑦ 47	⑥ 46	① 44	④ 43	⑮ 42	⑭ 41	⑫ 40	
12 R	❶ 72	⑬ 63	③ 62	⑪ 61	⑯ 59	⑦ 56	⑫ 54	⑮ 53	⑤ 52	⑩ 50	⑥ 49	⑨ 48	④ 47	② 46	⑧ 41	⑭ 40		

本書はコンピ本ではないので詳しい説明は省きますが、日刊コンピを「人気の代用」として重宝している人は多いと思います。厳密にはリアルオッズとは異なりますが、買い逃しをしたくなかったのと、あとで総括するときのために朝いちばんで一度に買い切りたかったので、コンピを使用しました。

人気については、第1章のP11で「締め切り直前の単勝オッズ」がベターではあるものの、「各新聞に掲載された予想オッズから人気順を推測する方法も可」となっているので、日刊コンピも大丈夫でしょう（御池氏本人に確認したところ、「まったく問題ありません」との回答あり）。

さて、その結果は――。

●23レース中、8レース的中…的中率34・8%

●投資総額4万1400円、払い戻し5万8550円…回収率141・4%

回収率のプラスもさることながら、的中率の３割超えにはびっくり！　このあたりが先述した、この馬券術の「バランスのよさ」なのでしょう。

ただ、回収率をプラスに引き上げたのは、この一発のおかげです。

中山メイン・オーシャンS（GⅢ、芝1200m）、馬単4万8790円！

1着○ルメール騎手⑨ヴェントヴォーチェ（コンピ2位・2番人気）

2着△菅原明騎手①ディヴィナシオン（コンピ14位・15番人気）

⑨ヴェントヴォーチェはともかく、①ディヴィナシオンは普通、手が出ない馬。これを拾えたのは、鞍上・菅原明騎手が中山芝１２００ｍの騎手ランク表（Ｐ１８２）から浮上したからです。

ここで、その手順を振り返ってみましょう。

〈１〉コンピ１、２位（１、２番人気の代用）を確認→１位⑪キミワクイーン（岩田康騎手）、２位⑨ヴェントヴォーチェ（ルメール騎手）。

〈２〉中山芝１２００ｍの騎手ランク表（２０２３年度版）で、岩田康、ルメール騎手の順位を確認→

岩田康騎手はランク外、ルメール騎手がAランク（4位）→○ルメール騎手⑨ヴェントヴォーチェ、△岩田康騎手⑪キミワクイーン。

※1章のシルシの打ち方では、①「穴グループの騎手から4人選出」②「人気グループの騎手2人の優劣を評価」の順となっていますが、私は最初に上位人気2人（コンピ1、2位）の印を確定させたほうがやりやすかったです。

〈3〉残った騎手を、中山芝1200mの騎手ランク表に照らし合わせる→◎丸田騎手（Sランク・1位）②ナランフレグ、△横山和騎手（Aランク・7位）⑥ジュビリーヘッド、△石川騎手（Aランク・11位）⑤ジャズエチュード、△菅原明騎手（Aランク・12位）①ディヴィナシオン。

つまり、シルシはこうなります。

◎丸田騎手	②ナランフレグ	（コンピ3位、3番人気）
○ルメール騎手	⑨ヴェントヴォーチェ	（コンピ2位、2番人気）
△菅原明騎手	①ディヴィナシオン	（コンピ14位、15番人気）
△石川騎手	⑤ジャズエチュード	（コンピ11位、11番人気）
△横山和騎手	⑥ジュビリーヘッド	（コンピ4位、1番人気）
△岩田康騎手	⑪キミワクイーン	（コンピ1位、4番人気）

そして馬単の買い目です。

②⑨→①②⑤⑥⑨⑪　①⑤⑥⑪→②⑨

中山 11R

発馬 15.45

第18回 オーシャンステークス (GⅢ)

(指)四才上オープン・別定

	1	2	3	4	5	6	7	8	9
枠	白1	白1	黒2	黒2	赤3	赤3	青4	青4	5
父	ヴィクトワールピサ	ゴールドアリュール	サトノアラジン	ディープインパクト	アイアムインヴィンシブル	ロードカナロア	ダイワメジャー	サクラオリオン	タートルボウル
馬名	ディヴィナシオン	ナランフレグ	グラスミヤラビ	ロードマックス	(外)ジャズエチュード	ジュビリーヘッド	オパールシャルム	カイザーメランジェ	ヴェントヴォーチェ
母	フギン 4勝	ケリーズビューティ 公	グラスケリー 未勝	パーフェクトトリビュート 英	ムンバイロック 豪	ローズノーブル 4勝	ジルコニア 3勝	サクラジュレップ 未勝	ランウェイスナップ 公
毛色・斤量	黒鹿 57 牡6	栗 59 牡7	黒鹿 55 牝4	鹿 57 牡5	鹿 55 牝5	鹿 57 牡6	栗 55 牝6	鹿 57 牡8	鹿 57 牡6
騎手	(替)菅原明	丸田	柴田善	団野	(替)石川	横山和	(替)武藤	(替)黛	(替)ルメール
厩舎	(栗)森秀	(美)宗像	(美)杉浦	(栗)藤原英	(美)黒岩	(栗)安田隆	(美)武藤	(美)中野栄	(栗)牧浦
賞金	2400	12,950	2400	3250	2900	4400	3600	4350	5950
総賞金	9773	36,754	5890	7390	6500	13,370	11,080	11,979	13,190
馬主名	一村哲也	村木克成	半沢	ロードHC	吉田勝己	キャロットF	落合幸弘	ライフENT	エデンA
牧場名	(日)高山牧場	(日)坂戸節子	(新)飛渡牧場	(日)ケイアイF	オーストラリア	(安)ノーザンF	(日)下河辺牧場	(日)谷岡S	(日)下河辺牧場
佐藤直		注		△		◎ B			○
小野智		◎	△	△		▲			注
久光		△				○			注
西田	△	○				▲			注
中田		◎		△		注			○
本紙武井	西	○		△ 西		△ 西			▲ 西
1000	天1483⑤	新54.5⑤	新56.3⑧	天1489⑦	新55.1②		新57.6⑦	新54.7⑥	新55.1①
芝 1200	①	東1072②	小1082①	小1084⑯	札1076①	函1076②	東1081①	中1075⑥	中 8①
1400	⑧	新1214⑦	東1205①	阪1203①	ダ1146⑯	東1205③	東1205⑧	阪1216⑥	
1600	⑨	東1327⑨		東1323⑤	中1362①	阪1350③	東1330⑥	中1352①	
上り最高	三33.4⑤	千31.6⑤	六33.4④	六33.3①	千32.7⑪	三33.5⑩	六34.1①	千32.6⑦	千32.7①
騎乗成績	初騎乗	4 5 4 11	2 0 0 2	0 0 0 1	1 0 0 2	3 3 1 3	1 1 0 2	0 0 0 3	1 0 0 0
クラス実績	0 0 0 5	2 4 3 11	0 0 0 0	1 1 0 9	1 0 0 0	1 2 0 2	1 0 0 5	1 0 2 22	2 0 0 5
当該条件	0 0 1 2	0 1 1 3	0 1 0 2	初コース	0 0 0 2	2 1 1 0	0 0 0 1	2 0 1 7	1 0 0 1
	2								1
←騎手	菅原明	丸田	柴田善	団野	石川	横山和	武藤	黛	C・ルメール
前々々走	4小 21日 ④ 8 GⅢ 18頭 三 1075 54 横山典 M ⑱⑰⑬ 466 人気6 後方差詰 3¼ 340外335 ボンボヤージ 1069 0.6	2中 27日 ⑥ 1 GⅠ 18頭 三 1083 57 丸田 M ⑭⑮⑭ 486 人気8 内一気 クビ 344内339 ロータスランド 1083 0.0	4東 9日 ② 1 2勝 11頭 六 05 53 柴田善 M ⑧⑧⑧ 500 人気6 後方一気 ¾身 354中338 レフトゥバーズ 1207 0.2	1函 3日 ⑧ 7 オープン 12頭 天 1489 56 松田 M ⑫⑫⑫ 448 人気5 出遅る 2½ 381外348 ホウオウピース 1484 0.5	1新 8日 ② 2 3勝 16頭 千直 55.1 54 武藤 H ③② 514 人気1 好位伸 クビ 221―330 トキメキ 551 0.0	1函 25日 ⑤ 2 オープン 16頭 三 89 57 横山和 M ⑥⑥⑥ 472 B 人気1 中位伸 1¾ 344外345 ヴァトレニ 1086 0.3	浦和 21日 ② 5 交流G 11頭 ダ 1275 52 江田照 S ②③④ 492 人気4 先行一杯 8½ 370内377 シャマル 1258 1.7	3中 10日 ⑥ 6 L 6 16頭 三外 1075 55 津村 S ⑦⑦⑦ 490 人気12 中位差詰 4¾ 340中335 ヴェントヴォー 1068 0.7	2新 31日 ② 9 GⅢ 18頭 千直 .2 56 永 H ⑦⑧ 516 人気1 不利 4½ 221―331 ビリーバー 544 0.8
前々走	4阪 10月9日 ② オパール 12 L 13 16頭 内 1103 54 田望 M ⑯⑮⑯ 人気7 出遅る 10¼ 351中352 トウシンマカオ 1.7	3東 6月5日 ② 9 GⅠ 18 18頭 天 1327 58 田 S ⑮⑮⑬ 490 人気12 2¼ 360中331 0.4	5東 11月12日 ③ 4 3勝 3 16頭 六 1211 52 田善 S ⑨⑨⑨ 人気5 中位差詰 1¾ 364中334 ルチェカリーナ 1208 0.3	2札 8月14日 ② UHB賞 1 オープン 15 16頭 三 1092 55 M ①⑩⑦ 人気4 ハナ 347外345 アスタールビー 1092 0.0	3新 8月13日 ❶ 6 3勝 6 18頭 千直 56.9 54 ルメール H ⑧⑤ 人気7 伸一息 3½ 229―340 0.6	2札 8月28日 ⑥ キーンランド 7 GⅢ 9 15頭 三 1097 56 横山和 S ⑦⑩⑦ 474 3¾ 351中346 ヴェントヴォー 0.6	4阪 10月9日 ② オパール 9 L 5 16頭 内 1099 54 江田照 M ③③⑥ 人気6 好位一杯 8¾ 343中356 トウシンマカオ 1086 1.3	3中京 5月8日 ② 18 オープン 14 18頭 三 1082 58 倉 S ⑦⑧⑪ 人気18 中位一杯 6¾ 345外337 シゲルピンクル 1071 1.1	2札 8月28日 ⑥ キーンランド 1 GⅢ 8 15頭 三 1091 56 ルメール S ⑬⑩⑦ 518 人気6 中位差切 ½身 351中340 0.1
←ランク	A	S	X	X	A	A	X	X	A
←コンピ	14	3	13	10	15	4	11	16	2
←シルシ	△	◎			△	△			○
前走	5中 12月4日 ② ラピスラ 6 L 4 16頭 芝外 1084 56 勝浦 M ⑮⑮⑭ 468 人気10 後方差詰 1½ 348外336 ジャスパージャ 1081 0.3	4中 10月2日 ⑨ スプリンター 3 GⅠ 6 16頭 芝外 1080 57 丸田 H ⑬⑬⑫ 490 人気5 後方伸 1身 341中339 ジャンダルム 1078 0.2	6阪 12月18日 ⑥ 六甲アイ 13 3勝 4 15頭 芝内 1218 54 柴田善 M ⑨⑨⑩ 490 人気7 前塞る 9¾ 349中360 アグリ 1203 1.5	2札 8月28日 ⑥ キーンランド 13 GⅢ 10 15頭 三 1103 56 バシュロ S ⑫⑭⑫ 444 人気8 後方まま 7身 351外352 ヴェントヴォー 1091 1.2	4新 10月30日 ⑥ ルミエー 1 L 17 18頭 千直 55.1 51 泉谷 H ②③ 516 人気1 先行鋭伸 クビ 224―327 マウンテンムス 551 0.0	5阪 11月27日 ⑧ 京阪杯 10 GⅢ 13 16頭 芝内 1083 56 横山和 M ⑪⑪⑪ 470 B 人気5 後方差詰 6¾ 348外335 トウシンマカオ 1072 1.1	5中 12月4日 ② ラピスラ 13 L 3 16頭 芝外 1088 55 江田照 M ④④④ 482 人気5 好位一杯 3¾ 340内348 ジャスパージャ 1081 0.7	1中 1月14日 ⑤ カーバン 12 オープン 9 16頭 芝外 1098 56 江田照 M ⑤⑦⑦ 494 人気16 中位一杯 4¾ 349中349 ジュビリーヘッ 1090 0.8	4中 10月2日 ⑨ スプリンター 11 GⅠ 12 16頭 芝外 1084 57 西村淳 H ⑧⑧⑨ 518 人気9 中位一杯 3½ 337外347 ジャンダルム 1078 0.6
近走	1中 1月14日 ⑤ カーバン 13 オープン 7 16頭 芝外 1099 55 北村宏 M ⑪⑪⑫ 476 人気9 中位一杯 5¼ 354中345 ジュビリーヘッ 1090 0.9	12月11日 香港スプリント 10 GⅠ 良 14頭 芝右 1093 57 丸田 S ⑪⑪⑬ シャティン 483 香港 後方差詰 4身 ウェリントン 1087 0.6	1東 2月11日 ⑤ 1 3勝 10 15頭 六 1206 54 柴田善 S ⑬⑬⑬ 492 人気7 後方一気 クビ 357外334 シュヴェルトラ 1206 0.0	2小 2月12日 ② 北九州短距離 6 オープン 13 18頭 三 1084 58 団野 M ⑫⑪⑪ 450 人気6 中位まま 1身 338中346 ヴァトレニ 1082 0.2	4ヵ月休 放牧 乗込み3週間 仕上り○ 連対体重 486～516 3ヵ月以上休 ①②③外 1 0 0 4	1中 1月14日 ⑤ カーバン 1 オープン 11 16頭 芝外 1090 56 横山和 M ③③③ 476 B 人気1 先行抜出 ½身 345中345 ジュニパーベリ 1091 0.1	6阪 12月24日 ⑦ 阪神カップ 14 GⅡ 13 18頭 芝内 1212 55 松若 M ①①① 476 人気17 逃一杯 5½ 334内365 ダイアトニック 1202 1.0	1中京 1月29日 ⑩ シルクロード 11 GⅢ 12 15頭 三 1088 55 荻野極 S ③②② 492 人気15 好位一杯 8¾ 339中349 ナムラクレア 1073 1.5	5ヵ月休 右前繋捻挫放牧 乗込み2週間 仕上り○ 連対体重 496～518 3ヵ月以上休 ①②③外 1 0 1 1

馬場表示：■→不良 ●→重 ◫→稍重 ①→良（開催日の馬場状態）

開催場所・月日 / 開催日・着順 / 条件・枠・頭数 / 距離・タイム / 斤量・騎手名 / ペース・通過順 / 馬体重・人気 / 戦評・馬身差 / 前半・上り③F / ①②着時計・秒

①着馬に【高松宮記念】の優先出走権

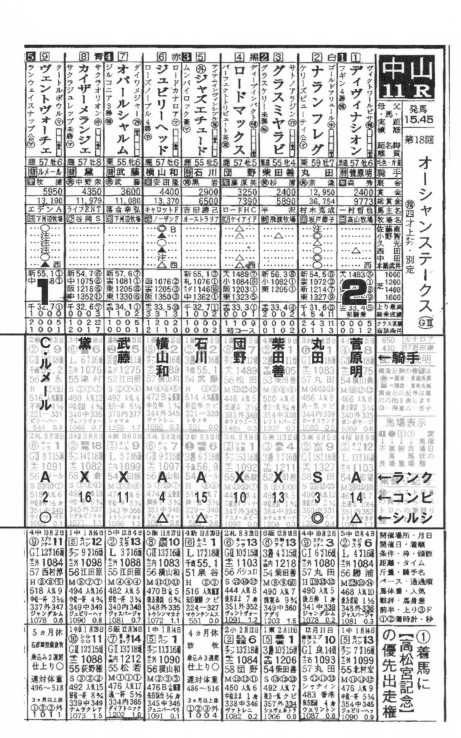

●2023年３月４日・中山11Ｒオーシャンｓ（ＧⅢ、芝1200m）

1着⑨ヴェントヴォーチェ
（コンピ2位・2番人気）
C. ルメール＝A

2着①ディヴィナシオン
（コンピ 14 位・15 番人気）
菅原明良＝A

3着⑬エイシンスポッター
（コンピ6位・5番人気）
角田大河＝X

単⑨ 440 円
複⑨ 210 円
① 2430 円
⑬ 300 円
馬連①－⑨ 37100 円
馬単⑨→① 48790 円
3連複①⑨⑬ 113200 円
3連単⑨→①→⑬ 580400 円

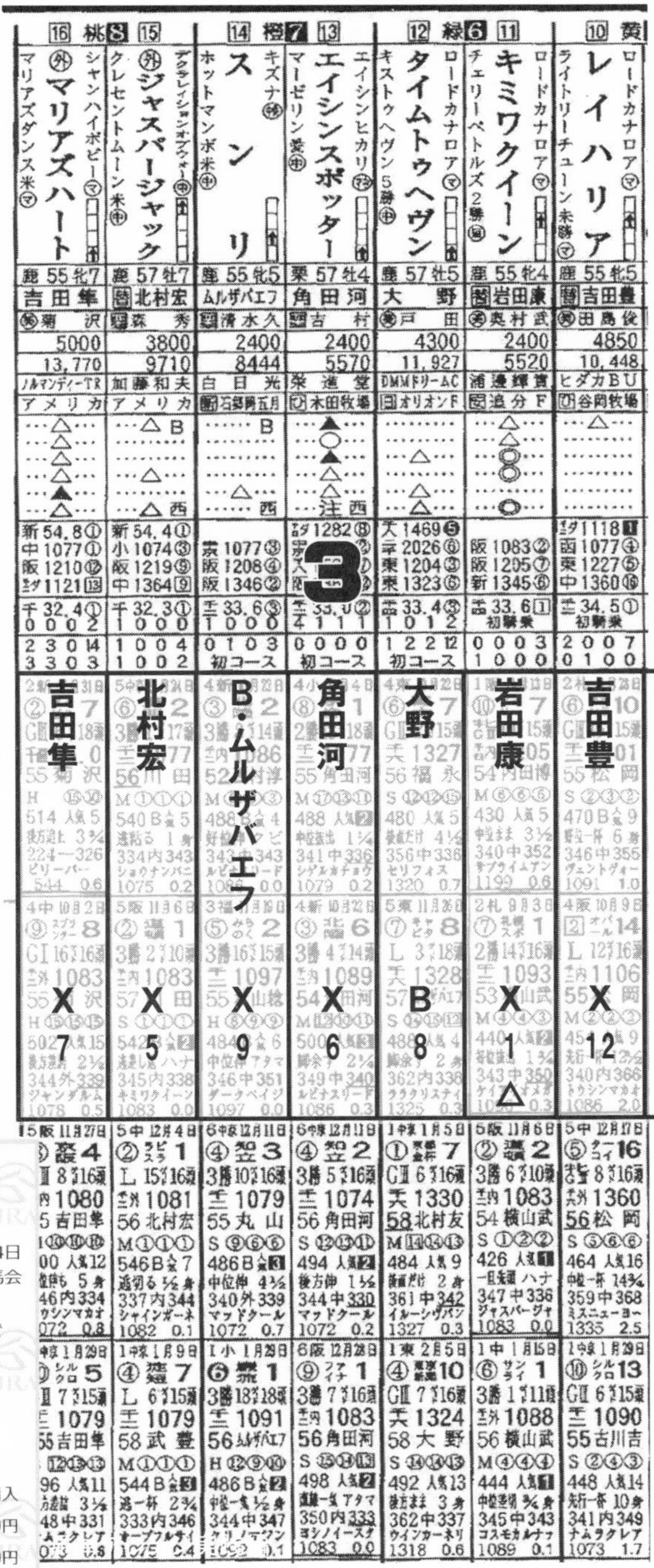

馬単 4万8790円!

万馬券的中証明書

[redacted]

2023年03月04日
JRA日本中央競馬会

あなたは下記の万馬券を的中させましたので
ここに証明いたします。

記

2023年　2回中山3日　11R
馬単　09→01　100円購入
払戻金単価　@48,790円
払戻金合計　48,790円

結果は直線で⑨ヴェントヴォーチェが突き抜け、外から超人気薄の①ディヴィナシオンが詰め寄ったものの2馬身差の2着まで。馬単は4万馬券！　さすが大穴馬券術【勝負ジョッキー】の威力がサク裂した瞬間でした。

よくぞ、菅原明騎手をAランクに入れておいてくれた、2023年度版の騎手ランク表に感謝です。

丸一日ノックの教訓を最後に……

プラス収支に終わった馬券術【勝負ジョッキー】の丸一日ノックですが、いくつか教訓も残しました。最後にそれを記しておきましょう。

●教訓1　騎手ランク表の該当騎手が少ないレースは避けるべし

これは実践デーのタイミングがよくなかったこともあるのですが、3月4日は新人ジョッキーが大挙デビューした日でした。

東西併せて6人の騎手が〝お披露目騎乗〟を果たしたのです。とくに前半の未勝利、1勝クラス戦で。しかも2場開催なので、1つのレースに集中します。

当然ですが、彼らの名はランク表にはありません。

さらに、短期免許の外国人騎手もムルザバエフ騎手だけ（4日は中山で騎乗）。レーン、マーフィー、ムーア騎手など、騎手ランク表の上位に鎮座する名手たちはいません。

こうなると、騎手ランク表で該当する騎手がなかなか見つかりません。勢い、馬券術【勝負ジョッキー】システム上、人気（この場合、コンピ順位）だけで買うケースが多くなる。これでは、馬券術の高配当を狙う機能が働きません。

３月４日は、対象騎手がまったく不在というレースはありませんでしたが、セレクトする６人中、せめて過半数の４人以上はランク表に載っているレースが購入対象ではないでしょうか。

●教訓2　少頭数レースも無視すべし

これも、教訓１と同様、騎手ランク表に該当する騎手が少ないケースが多かったです。

そしてなにより、配当の妙味に欠けるということ。もちろん、少頭数でも波乱になるレースもありますが、無理して買う必要はないと思います（キッパリ）。

とくに少頭数レースは、関西主場の６～９Ｒで多いのですが、せめて12頭以上くらいのレースを対象にすべきでしょう。

●教訓3　やっぱり全レース買いはムチャ……なぜなら

とにかく23レースを一度に買うということで、私はランクや人気（コンピ順位）を新聞に書き込んだりせず、シルシのみ赤ペンで書き込み、ガンガンＰＡＴに打ち込んでいました。

おそらく予想から購入まで、１レース５分程度でこなしていったと思います（それでもトータルで２時間以上かかっていますが）。

そうしたら……やっぱりミスがありました。

Ｐ１８０のＰＡＴ画像の中山１Ｒ（３歳未勝利、ダ１８００ｍ）をご覧ください。

買い目からわかるように、軸は◎②、〇⑫、△が③④⑦⑮です。

結果は⑫→③で的中、馬単は２１００円でした。

ところが、これは間違っていたのです。

コンピ1位は⑫（丸山騎手）、2位は③（津村騎手）。中山ダート１８００ｍの騎手ランク表では、丸山騎手がAランク11位、津村騎手は15位なので、〇⑫、△③となります。ここまでは大丈夫。問題は次の段階です。

残りの騎手のランクを見ていくと、Sランクの1位に三浦騎手の名が。彼は⑪番の馬に騎乗。つまり、これが◎になります。

●中山ダ1800mの騎手ランク表（2023年度版）

順位	騎手名	ランク
1	三浦皇成	S
2	C.ルメール	S
3	田辺裕信	S
4	O.マーフィー	S
5	戸崎圭太	A
6	M.デムーロ	A
7	石橋脩	A
8	川田将雅	A
9	横山典弘	A
10	横山武史	A
11	丸山元気	A
12	小林凌大	A（減）
13	大野拓弥	A
14	浜中俊	A
15	津村明秀	A
16	丹内祐次	A
17	T.マーカンド	A
18	菅原明良	A
19	石川裕紀人	B
20	武豊	B
21	木幡初也	B
22	原優介	B（減）
23	北村宏司	B
	ランク外	X

本書3章・中山の項にも掲載

本書校了間際にも
デカい一撃がサク裂！
馬単９万馬券！

●3月18日中山12R（ダ1200m）

1着⑪ファイアーボーラー

△石橋脩騎手＝S

（11番人気）

2着⑦カイタロー

◎田辺裕信騎手＝S

（4番人気）

馬連32770円　馬単93000円

万馬券的中証明書

[redacted]

2023年03月18日
JRA日本中央競馬会

あなたは下記の万馬券を的中させましたので
ここに証明いたします。

記

2023年　2回中山7日　12R

馬単	11→07	100円購入
払戻金単価		@93,000円
払戻金合計		93,000円

ところがそれを見落とし、Sランク2位のルメール騎手の②を◎に取ってしまったのです。結局、三浦騎手の⑪は買わずじまい。結果的にそのミスとは関係ない部分で的中したので、的中例にカウントしていますが、これも第1章で推奨している丁寧な書き込みを怠ったせいでしょう。

多少面倒でも、書き込みをしたほうがいいのです。そのためには、やはりレース数は絞ったほうがいい。絞るのは教訓1、2で示したようなレースを除外していけばいいのです。

無謀なチャレンジをしたわりに当たり前の結論となりましたが、これから馬券術【勝負ジョッキー】を試される、みなさんの参考になればと思います。

本書編集スタッフ・Y

●著者紹介

御池善太郎（おいけ・ぜんたろう）

月刊誌「競馬の天才！」2022 年 12 月号でデビュー。競馬をはじめた年にディープインパクトの三冠を目撃して競馬にハマる。IT企業で競馬関連の仕事を担当した経験を持ち、プロの競馬予想家との交流も多い。騎手の得意な条件を明らかにした「騎手ランク」を作成し、騎手だけで高配当を狙う馬券術【勝負ジョッキー】を完成。最新情報はツイッター（@ keibazen）で配信中。➪ https://twitter.com/keibazen

本書発売を機に note の御池善太郎ページで日曜の重賞対談コラムをスタート！　無料でご覧いただけます。

➪ https://note.com/oikeiba/

騎手《きしゅ》だけで100万馬券《まんばけん》を当《あ》てる

馬券術勝負《ばけんじゅつしょうぶ》ジョッキー

発行日　2023年4月20日　　第1版第1刷

著　者　御池《おいけ》　善太郎《ぜんたろう》

発行者　斉藤　和邦

発行所　株式会社　秀和システム

〒135－0016

東京都江東区東陽 2-4-2　新宮ビル 2 F

Tel 03-6264-3105（販売）　Fax 03-6264-3094

印刷所　三松堂印刷株式会社　Printed in Japan

ISBN978-4-7980-6977-7 C0075